JN100030

いつもの焦りや
イライラがなくなる

せっかちさんの本

異常心理学者
杉浦義典

フォレスト出版

はじめに

なんでも早め早めに片づけてしまいたくなるせっかちさん。

すぐに結果を知りたくなるせっかちさん。

マイペースな人を見るとイライラしてしまうせっかちさん。

いつもバタバタと落ち着かないせっかちさん。


世の中には、いろいろなせっかちさんがたくさんいます。

日本における現代社会も、少々せっかちな感じがしています。

せっかちさんは、周囲の人との関係においても感情が追い立てられがちで、「あの人にこう思われると嫌だから、ああしておこう」などと、無理をしてでも行動して、せかせかバタバタとよりせっかちになっていることも少なくありません。

そういった意味では、お互いを尊重する傾向が弱くなっている日本では、せっかちな人は増えているのかもしれません。

本書を手に取ったあなたは、「自分のせっかちをなんとかしたい」と思っているのでしょう。

あるいは、まわりにいるせっかちさんに困っているのかもしれません。

なかには自分がせっかちだとは思っていなかったけれども、本書を読んでせっかちな一面に気づく人もいるかもしれません。

さらに、あの人のちょっと嫌な行動が、じつはせっかちによるものだったということもよくあります。

せっかちであることは悪いわけではありませんが、ときに人を傷つけてしまうことがあります。

気づかないうちに自分自身を傷つけていることもあります。

とくに年齢を重ねていくと、それまで続けてきたせっかちのツケが体に出て、健康に影響を及ぼす可能性もあります。

なんだかせかせかと忙しいばかりで、体がちょっと疲れてきた……といったとき、もしかしたらせっかちが体にも悪さをしているのかもしれません。


そもそも、毎日せかせかとコトを急いで、せっかちさんはいったいどこに向かっているのでしょうか？


一生懸命に仕事をしていても、なかなか給料は上がらない。

定年まで同じ会社に勤めても、退職金はたいして出ないかもしれない。

せっせと貯金をしても、利息はろくにつかない。

税金は上がる一方で、政治にもけっこう不安がある。

独身のまま一生を過ごすのも怖いけれど、結婚したり子どもを育てたりしていく自信もない。

このように、未来に大きな希望や光が見えづらい世の中です。そんな世の中で、急いで先へ進んだところで、バラ色の未来が待っているとも思えません。

そうであるなら「ちょっとゆっくり」前に進むときがあってもいいと思いませんか？

本書では、せっかちさんのいろいろなタイプとその気持ちを心理学の視点から検証し、せっかちな心を癒して、楽な気持ちで生きるための方法をご提案します。

せっかちになる心理を知りたい、せっかちな気持ちを落ち着かせる方法を知りたいなど、ぜひ気になる章からページを開いてみてください。

せっかちさんが体と心を癒し、また、せっかちな世の中が「ちょっとゆっくり」、和らいだ雰囲気になると、みんなの心が楽になるのではないかと思っています。

いつもの焦りやイライラがなくなるせっかちさんの本　目次

第1章 せっかちさんの生態

第2章
その行動、せっかちさんかもしれません

第3章

「形」から入ってじっくり取り組む
――行動編

第4章
マインドフルネスで「気づく」練習
――思考編

第5章
ちょっと「間」が取れればうまくいく
——人間関係編

装丁 井上新八
本文・図版デザイン 二神さやか
イラスト しゅんぶん
編集協力 財部寛子
校正 大江多加代
DTP 株式会社キャップス

第1章 せっかちさんの生態

いつもせかせか、イライラしているイメージのせっかちさん。

しかし、せっかちの素質はさまざまで、いろいろなタイプがいるため、「せっかちさん」を「せっかちさん」とひとことで括ってしまわないでほしいところです。

また、せっかちさんは、せっかちであることで生活や健康に悪影響を及ぼすことがあります。

本章では、せっかちさんの意外な生態や特徴などからご紹介していきましょう。

仕事が遅い人、優柔不断な人も
せっかちさんの素質あり

「あの人はいつもせかせかしていて、本当にせっかちだよねえ」
「私、なんでもかんでも早め早めに用事を終わらせないと気が済まないのよ」
「マイペースな人を見ているとイライラしちゃって」

日常のさまざまなシーンで、似たようなセリフを耳にすることがあるのではないでしょうか？

友達や同僚、あるいは近所の知り合いなど、「まわりにせっかちな人がけっこういるなあ」、あるいは「自分自身がせっかちだなあ」と感じている人も少なくないでしょう。

しかし、心理学的には、**多くの人が思っているせっかちな特徴が、必ずしもせっかちさんとは言い切れないケースがあります**。逆に、「あの行動をとる人」が意外にもせっかちさんという場合もあります。

たとえば、決断力があっていつも仕事を早めに終わらせる人がいます。周囲からはせっかちさんのように見えているかもしれませんが、その人が単純に仕事を効率的に片づけているだけなら、せっかちさんとは言い切れません。

ところが、「早く仕事を終わらせなければ、仕事ができない人って思われたら嫌だ！」と、**正体不明の感情に追われるように仕事をしている**とすれば、それはせっかちさんと言えるでしょう。

一方で、仕事を抱え込んで毎日残業しているわりに、いつも期限に間に合わない人もいます。こういった人は、一見するとせっかちさんではないように思えますが、じつはせっかちさんの素質を十分に持っている可能性があります。

目の前にある面倒なことや嫌なことから現実逃避したくなり、気分転換しようと別のことに「せっかちに」飛びついてしまい、仕事が進まないのです。

そういった意味では、**優柔不断な人もせっかちさん**だと言ってもいいでしょう（※1）。

つまり、せっかちさんには、さまざまなタイプがいるというわけです。

せっかちさんを作るさまざまな心理学の概念

ここで、心理学で使われる言葉を用いて例を挙げていきましょう。

せっかちさんに代表されるのが、「タイプAパーソナリティ」と分類される性格です。時間に追われていて、競争心が強く、怒りっぽいといったことが特徴です。

もっとわかりやすく言えば、**額(ひたい)に青筋を立てていつもイライラしているような人**のイメージです。

これはいかにも、せっかちさんという印象でしょう。

また、「ＡＤＨＤ」にもせっかちさんの素質が含まれていると言えます。ＡＤＨＤは「注意欠陥・多動症」のことで、とくに多動という特徴がせっかちさんの要素につながります。

わかりやすく言えば、カルタに代表される「お手つき」で、この**お手つきを日常生活でも起こしやすくなります**。

たとえば、「限定商品残りわずか！」などというキャッチコピーを見ると、「今買わないと二度と手に入らない！」とすぐに手を出してしまいます。しかし、よくよく考えたら、「この商品を買う必要はなかった……」といった感じです。

「期限に間に合わない人」「優柔不断な人」「ＡＤＨＤ」の特徴までもが、なぜせっかちさんになり得るのか、少し不思議に思うかもしれません。

せっかちとは**心理学のいろいろな概念が重なり合った大きな山のような存在**です。そのせっかちという大きな山の中で、さまざまな要素、さまざまなタイプのせっかちさんが作られるというわけです。

そのため、せっかちとは思えない行動をする人が意外にもせっかちさんだというケースも少なくありません。

せっかちさんは早死にしやすい？

せっかちさんはせっかちであるだけではありません。場合によっては、生活や健康、もっと言えば人生に悪影響を及ぼす可能性もあります。

たとえば、先ほどの「タイプAパーソナリティ」ですが、この傾向が強い場合、心筋梗塞(こうそく)や狭心症などのリスクが高くなるという研究が報告されています（※2）。

額に青筋を立ててイライラと怒る姿は、いかにも血管が破裂しそうですが、むしろ実際にはゆっくりと血管にダメージを与えています。

しかし、怒りやイライラだけでなく、せっかちさんの大きな性質である「待てない」という部分も寿命に関係してきます。

これは、「テロメア」という細胞の核の中にある染色体の構造に影響しています。テロメアは、遺伝子の端の部分がほどけないようにキャップのような働きをしています。

人は誰でも、このテロメアが年齢とともにだんだんと短くなっていき、保ちきれないくらい短くなったときに寿命を迎えます。

しかし、**怒りやイライラ、何かに追われているような感情、ネガティブな感情などが長時間続くことで、テロメアが短くなるスピードを速める**ことがわかっています（※3）。

つまり、「待てない」せっかちさんは病気になりやすく、知らず知らずのうちに寿命を縮めている可能性があると言えます。

陰謀論者もそれを批判する人もせっかちさん

健康上の問題のほかにも、せっかちさんは日常生活でも問題を起こしやすい傾向にあります。

まずは、**陰謀論にハマりやすい**という特徴があります（※４）。陰謀論にハマりやすい人は、心理学的に言えば「不確実性への不耐性」と「ネガティブな切迫性」といった性質を併せ持っていると言えます。

「不確実性への不耐性」とは、不確実なことや未知のことに対して、強く不安を抱くことです。

「ネガティブな切迫性」とは、ネガティブな感情が起きたときに、その感情に強く引っ張られることです。「どうしよう、どうしよう」と焦ったとき、ふと「こうすればいいんじゃないか」と思いつくと、それが正しいか正しくないか、やるべきかやらざるべきかなどを冷静に考えることなく、すぐに行動に移してしまうことです。

わからないことをわからないままにしておけないということですね。

これらの性質を併せ持っていると、何かネガティブなことや不安なことが起きて、どこかの誰かが悪さをしているといった情報が流れると、信じて決めつけてしまいがちになります。

似たようなことで言えば、妄想を抱きやすいとも言えるでしょう。

ちなみに、陰謀論を必要以上に批判している人も、同じことが言えるのでせっかちさんの可能性があります。

テンパる原因はせっかちさんの先延ばし癖

わからないことをわからないままにしておけない「切迫性」は、いわゆる「テンパっちゃう」という行動にもつながります。

「テンパっちゃう」人は、たとえば、**残業ばかりして仕事が終わらないせっかちさんを生み出す**要因にもなります。

一見、せっかちさんは仕事をさっさと終わらせるような印象がありますが、複数の仕事が目の前にあると「あれもやらないといけない、これもやらないといけない」とテンパってしまいます。

そして、「大変だ。面倒だ」という感情に引っ張られ、「この仕事は、明日でもまだ間に合う」と後回しにしまうのです。その結果、残業をやってもやっても（実際には仕事に手がつかず)、なかなか仕事が終わらないという結果を招きます。

ということは、「長時間労働」をする傾向にあり、そのために体調を崩しやすいとも言われています。

ちなみに、「宿題を後回しにしていた子どもが大人になって長時間労働をするようになる」という研究報告もあります(※5)。

宿題を終えるまでに3日あるとすれば、「今日ではなく明日やろう」と計画を立てます。計画を立てるまではいいのですが、2日目になって面倒になると、「やっぱり明日やろう」と計画を先延ばししてしまうというわけです。

人間はせっかちにならないはずの生き物

意外かもしれませんが、**浮気性な人もせっかちさんの素質を持っています。**

「生活史戦略」という言葉があります。

たとえば、カエルはたくさんの卵を産み、たくさんのオタマジャクシが生まれますが、大人に成長するのはそのほんの一部です。その間、親のカエルが子どもたちを守り、育てることもありません。これが「早い生活史戦略」です。

人間に比べると生き方がせっかちということになります。

一方、一人のパートナーとともに、数人程度の子どもを産み、長い時間をかけてじっくり育てていく人間は、「遅い生活史戦略」と言えます。

そのため、生活史戦略から考えると、**本来、人間はせっかちさんではありません。**

しかし、なかには一人のパートナーとじっくり関係を築くことができず、パートナーをとっかえひっかえする人もいますね。

たくさんの子孫を残したいという本能なのか、あるいは、パートナーの嫌な一面を見ると新しいパートナーが欲しくなるのか、たんに飽きっぽいのか、その心理はいろいろでしょうが、これも一つのせっかちさんの特徴と言ってもいいでしょう。

せっかちな女性は男性にフラれた後に悪い男に引っかかりやすいという研究もあります（※6）。これは、好きだった男性と別れてしまい、衝動的に次の男性を見つけようと躍起になるためです。

また、せっかちな男性は、ＩＰＶ（インティメート・パートナー・バイオレンス＝夫婦間や恋人間など親密な関係における暴力）が多いとも言われています（※7）。関係性をしっかり作れず、イライラした気持ちを抑えきれないで、すぐに手が出てしまうというわけです。

トラブルの渦中には
いつも退屈なせっかちさんがいる

男女関係のトラブル以外にも、ギャンブルや違法薬物にハマりやすい人も、せっかちさんの素質を持っている可能性があります。

いつもせかせかしているせっかちさんは「退屈」を感じやすいようです。この**退屈傾向のある人は、刺激やリスクのある行動につながりやすい**ことがわかっています（※8）。

また、目先の利益に意識がとらわれやすく、「次は勝てるかもしれない」とギャンブルに大金をはたいたり、「今すぐ気持ち良くなりたい」と違法薬物に手を出したりしてしまいます。

冷静になるために、いったん「待つ」ことができないということもせっかちさんの特徴と言えるでしょう。

ちなみに、車の運転でスピード違反をしたり、あおり運転をしたり、あるいはゲームの課金にハマってしまう人も同様のタイプです。

こうした要素を持つせっかちさんは、ダイエットに失敗しやすい、禁煙に失敗しやすい、ストレスを抱え込みやすい、過食や拒食になりやすいなど、生活にさまざまな悪い影響を及ぼしやすい傾向があります。

タイプで異なる十人十色のせっかちさん

では、せっかちさんにはどのようなタイプが、どのくらいあるのでしょうか？

ただし、「タイプ」とは言っても、せっかちさんを明確に分類できるわけではありません。
○○な素質を持ったせっかちさん、△△な素質を持ったせっかちさん、□□な素質を持ったせっかちさん、××な素質を持ったせっかちさん、さらには、○○な素質と××な素質を組み合わせたようなせっかちさん、ほとんどは△△な素質だけれど、□□な素質も少し持ったせっかちさんなど、さまざまな素質がブレンドされて、一人のせっかちさんができあがっています。

ここでは、ベースとなるせっかちさんの素質の系統をいくつか紹介していきます。「私はこの素質っぽいけれど、こっちの素質には当てはまらない」「この素質とこの素質の両方がある」など、人それぞれのせっかちさんが現れると思います。自分は、あるいはあの人は、どんなせっかちさんかチェックしてみてください。

ちなみに、心理学でせっかちを研究した場合、その性質に近い表現が次の＝（イコール）で示した言葉になります。

【青筋立っちゃう系】＝タイプAパーソナリティ

時間に追われ、競争心が強く、怒りっぽいタイプです。いつもせかせか、イライラしている感じで、いわゆる額に青筋が立っているイメージです。世間一般のせっかちさんに対するイメージの典型的なタイプだと言えます。

【お手つきしちゃう系】＝行動の抑制

環境の影響を受けやすく、ブレーキが利かずに行動してしまうタイプです。おいしそうなものを見たらすぐに食べてしまう、人の話のオチを先に言ってしまうなど、いわゆる「お手つき」をしてしまいます。

【目先のお金が大事系】＝遅延報酬割引

１週間後にもらえる１２００円よりも、明日もらえる１０００円を選んでしまうタイプです。１週間待ったほうがお金を多く手に入れられることが明らかであるにもかかわらず、「どうしても待てない」のです。

【白黒つけたがる系】＝不確実性への不耐性

不確実なことや未知のことに強く不安を抱きます。そのため、わからないことをわからないままにしておけません。何かしらの結果を見つけて、それが正しいか正しくないかをきちんと判断する前に決めつけてしまいます。妄想しやすく、陰謀論にハマりやすい傾向があります。

【テンパっちゃう系】＝切迫性

ネガティブな感情が起こったときに、その感情に強く引っ張られてしまいます。「なんとかしなければ」と焦って無理矢理に解決方法を見つけたり、何か解決方法のようなものが見つかると、よく考えることなく衝動的に行動に移したりしてしまいます。

【浮気しちゃう系】＝早い生活史戦略

カエルのようにたくさんの卵を産んでたくさんのオタマジャクシが生まれて、しかし、その一部しか大人になれないような生き方を「早い生活史戦略」と言います。人間は本来その逆の生き方をするものにもかかわらず、一人の人と時間をかけて関係を築けない、浮気や不倫をしてしまう人がこれに当てはまります。

【それは許せない！系】＝不寛容

自分の考えや行動を基準として、そうではない考えや行動をとる人に対して寛容になれない人を指します。少し失言をしてしまった人を徹底的に糾弾(きゅうだん)したり、ネットに批判コメントをやたらと書き込んだりといった行動をとりやすい傾向があります。

【向こう見ず系】＝退屈

つねに退屈を感じやすいため、「何かしていなくては！」とせかせかして、刺激を求めてリスキーなことに手を出しやすい傾向があります。ギャンブルや違法薬物にハマりやすい人が多く、禁煙の治療を受けても喫煙者に戻ってしまいやすいという研究報告もあります（※9）。

もはやのんびり生きていく余地はない？

進化論から考えると、人類は「早い生活史戦略」ではなく、せっかちとは逆の生き物へと進化してきたはずです。それにもかかわらず、なぜせっかちという性質が人間に残っているのでしょうか？

そもそも「早い生活史戦略」の生き物たちは、過酷な環境で生存競争を繰り広げています。

あらためてカエルを例にとってみましょう。

なぜ、カエルがたくさんの卵を産むのかというと、外敵が多く、食料も十分にないことが一番に考えられるでしょう。カエルそのものが生き延びていくためは、たくさんの卵を産む必要があります。

つまり、「早い生活史戦略」の生き物は、のんびりしていたら生き残れない、それなりにせっかちでなければ子孫を残せないと考えられます。

ということは、**せっかちな性質を残している人間の世界にも、「過酷な環境がある」**と言えそうですね。

長い歴史のなかでは、自然災害や戦争が繰り返し起こりました。生死を脅かすほどの問題ではないにしても、受験や就活、仕事の成果や実績、家庭をはじめさまざまな人間関係、お金の問題など、一人ひとりが生きるために必死です。

そういった環境に身を置いている以上、人間もある程度せっかちにならなければ生き残れないのかもしれません。

日本人にせっかちさんが多い理由

とは言え、そういった過酷な環境につねに身を置いていないにもかかわらず、やはりせっかちさんは存在します。

そして、人間の世界のなかでも、とくに日本人に多い印象を持たれがちです。明確な研究がされているわけではありませんが、私もそのように感じています。

以前、イギリスに行ったときの話ですが、電車のダイヤが大幅に乱れている時期がありました。そして、乗車中の電車が目的地まで走らず、これ以上は運転しません、というアナウンスが入りました。

現地のイギリス人は「じゃあ、この電車を降りて、あっちの電車に乗ろう」といった感じで、あっさり対処します。

また、宿泊していたホテルの部屋の電話が壊れていたこともありました。フロントにそのことを告げると、「そこの交差点を曲がった先に公衆電話がありますよ」と言うだけで終わりです。

時間通りに電車が動くことが絶対の日本では、電車の到着が少し遅れただけでイライラしている人を見かけます。人身事故や大雨などの影響で電車が止まってしまうと、駅員さんを怒鳴りつける人もいます。そして、そんな人に対しても丁寧な対応をするのが日本の駅員さんです。

ホテルも同様です。部屋の電話が壊れているなんてもってのほかです。「宿泊代を返せ！」などと言う人も現れそうです。もちろん、こちらの場合もホテルのフロントの方はお客様に対して平謝りでしょう。

イギリス人のようなのんびりした感覚は、なかなか日本人には理解ができないかもしれません。

そこで、日本社会に目を向けて、日本でせっかちさんが量産される原因を考えてみましょう。

まず、日本人は他者に配慮する傾向があると言われています（※10）。「相互依存的自己観」という言葉で表されるのですが、**個々が独立していなくて、お互いの関係が密だということ**です。

日本には「お互いさま」という言葉があり、一見、和を重んじるいい関係を築いているように思います。

しかし、実際のところは、**密に絡み合い過ぎて、お互いにすごく厳しい一面を持っています**。お互いに厳しいがために、必要以上にまわりを気にすることになり、のんびりできなくなっていると言えます。

お互いさま精神が
お互いの首を絞めている

「お互いさま」の精神が要因になるのか、仕事の場面では「プレゼンティズム」という問題が生じやすくなります。

プレゼンティズムとは、**体調が悪くても無理に出勤したり仕事をしたりして、その結果、生産性が上がらなくなること**を言います。上司や同僚、あるいはクライアントの手前、ちょっと具合が悪いくらいでは仕事を休めない、と思う人は少なくないでしょう。

今では、無理をしない働き方が大切にされてきていますが、無理をしてでも仕事をするというスタンスは、1990年代くらいまでは当たり前の考え方だったように思います。

このプレゼンティズムという現象は、日本だけで起きていることではなく、もちろん世界中でさまざまな研究がされています。しかし、いかにも日本的であると言えなくもないプレゼンティズムという言葉は、会社のために無理をして働くといった意識があまりない欧米から入ってきたものです。

本来であれば、日本で生まれても良さそうな言葉ですが、そもそも**無理をして働くことが「異常」という意識が日本にはなかった**のかもしれません。

日本のプレゼンティズムの象徴として挙げられるのが、1970年代後半に生まれた「過労死」という言葉です。

この過労死という概念も日本独特のようです。なぜなら、「過労死」という単語は英訳されておらず、英語で表現するときは「KAROUSHI」とローマ字にしているだけだからです。

自殺についても、日本では仕事が起因になる人が多いようですが、欧米では仕事を苦に自殺することはあまりないと言います。

また、昭和の時代には、土日返上で働くという意味の「月月火水木金金」という、驚くような慣用表現もあったくらいです。

長く受け継がれてきた日本社会のちょっと問題とも言える特徴、こうした**不寛容な社会が、日本人からせっかちさんを量産してしまった**のかもしれません。

「せっかちモード」を加速させる便利なもの

また、現代においてもせっかちを誘発する要素があります。それが「便利なもの」です。

たとえば、とくに若い年代の生活に必須とも言えそうなファストフード店。カナダで行なわれた研究ですが、住んでいる地域にファストフード店が多いほど、自分の経験をじっくり味わう傾向が低いことがわかっています（※11）。

スピードと効率を重視する**ファストフード店は「せっかちモード」を誘発させる**のではないかと考えられています。

研究では、対象の半数にファストフード店とそこで提供される食べ物の写真を見せ、もう半数に陶器の食器に食べ物をきれいに盛りつけた写真を見せました。

その後、美しい風景写真を見てもらったところ、ファストフード店の写真を目にした人は、風景写真をじっくり鑑賞できず、幸福感が低いことがわかったと言います。

ファストフード店に行けば、すぐにおいしいものが手に入り、パパっと食事を済ませることができます。そこで提供される食事の味もだいたい予想がついているでしょう。

つまり、ファストフード店での食事はじっくり味わう必要がなく、せっかちな性質を後押しすると言えるのでしょう。

また、音楽を聴くこと、映画や動画を観ることなども、スピーディーになりました。スマートフォンやパソコンなどのプレーヤーで、好きな曲にすぐにたどり着くことができます。

さらには、イントロを飛ばして、いきなりサビを聴く人も多くいます。

映像においても同様です。じっくり待つことなく、聴きたいところ、観たいところに**すぐに飛びつくことができる仕組みが、せっかちな性質を加速させる**のかもしれません。

せっかちは家庭環境に左右されるのか？

さて、ここまでで「せっかちは遺伝するのか」「家庭環境がせっかちに影響するのか」といった疑問を持つ人もいるのではないでしょうか？

研究者の立場からは、**「家庭環境はあまり関係ありません」**と言っておきましょう。

遺伝の面で言えば、やはりせっかちな親の子どもはせっかちになりやすいと考えてもいいでしょう。たとえば、一卵性双生児の外見や性格がよく似ていることについての研究では、やはり遺伝の要素は大きいとされています（※12）。

あくまで確率の話で、両親がせっかちだから、その子どもがせっかちになるとも言い切れません。

そこに何か心配なことがあっても、あまり気にしないほうがいいと思います。

次に家庭環境です。人間の性格は家庭環境に大きく影響されると思われがちですが、じつはそれほど影響するとは考えられていません。

先ほどの一卵性双生児の研究においても、**成長した後に何か問題が起きても、そ**

れが家庭環境に大きく影響されたものではない、という結果が出ています。

そのため、最近の心理学では、「原因をむやみに幼少期の家庭環境にたどらない」としています。

虐待(ぎゃくたい)やネグレクトなどにより心身に重大な問題が起きている場合には、家庭環境を調べることがありますが、性質に少々問題があるからと言って、家庭環境をさかのぼったとしても解決にはなりません。

それよりも、**どうやって改善していくかということ**のほうが大切というわけです。

そのため、心理学のスタンスでは、せっかちさんの起因も家庭環境までさかのぼらなくていいと思います。

せっかちさんが生きやすくなる方法

もう一つ、「せっかちな性格はどんどん悪化するのか」と気になる人もいるでしょう。

せっかちは、せっかちな性質そのものが悪化するのではなく、**せっかちを悪化させる環境があるかどうか**を、まずは考えたほうがいいでしょう。

たとえば、職場で処理しきれないようなたくさんの仕事を押しつけられていたり、上司からパワーハラスメントを受けていたりと、**強いプレッシャーにさらされていると、せっかちが悪化する**可能性があります。「ネガティブな感情」や「切迫性」「衝動性」を誘発しかねないからです。

ただし、**自分の感情がストレスに強くなれば、せっかちさんにあるような衝動的な行動を抑えることができる**ようになるとも言えます。

また、一般的には年齢とともにせっかちではなくなる傾向があると考えられています。いわゆる「丸くなった」という状態です。

年齢とともに丸くなるという研究知見は多くあるのですが、反対に年齢とともに感情を抑える機能が衰えて、トラブルを起こしやすくなる人もいます。そのため、年齢とともにせっかちでなくなるのは、年齢だけが理由だと言い切ることはやめておきましょう。

以上のことをまとめてみると、せっかちさんは遺伝や家庭環境、年齢に強く影響されるとは考えず、**今置かれている環境と自分をコントロールすることで、せっかちという気質とうまくつき合っていくことができる**と思ってください。

第2章
その行動、せっかちさんかもしれません

いろいろなタイプがいるせっかちさん。自分自身のせっかちだけではなく、あの人のあんな行動も意外とせっかちさんだからという可能性があります。

そこで、本章では、よく見られるせっかちさんのあるある事例をご紹介します。

「あ〜、これもせっかちさんの特徴なんだ」とわかれば、自分やまわりの人とのつき合い方にも余裕が生まれるかもしれません。

【事例1】宅配便の時間指定。私はずっと待ってるんだけど!

Aさん「お先に失礼します!」
同僚「Aさん、今日は残業しないの? 珍しく早いね」
Aさん「今日は荷物が届くので、19時までに家に着いていなきゃいけないんです。お疲れさまでした!」

19時~21時の時間指定で荷物の配達をお願いしているAさんは、早く帰らなくては、と焦っています。

仕事はたまっているけれど、今日は仕方がありません。なんとか19時に帰宅することができました。

19時30分……。来ないなあ……。
20時……。来ない……。
20時30分……。来ない……、遅い！
20時50分！　遅すぎる！　いったいどうなってるの!?
20時55分、ピンポーン。

配達員「遅くなりました〜。お荷物お持ちしました！」
Aさん「ちょっと配達員さん、時間ギリギリですよ！　遅くないですか!?　こっちは、19時からずっと待っていたんですよ！　もっと早く持ってきてくれないと困ります！　次からは気をつけてください！」

せっかちポイントはココ！

翌日配送、時間指定、不在にしていても何度でも配達してくれる――。消費者にとってはとても便利な仕組みができていますが、配達員の方々は苦労が多いようですね。一人の配達員が担当する荷物の量は半端ないと聞きます。

さて、今回のケース、すべり込むように荷物を届けに来た配達員さんに、Aさんはご立腹のようです。仕事を早めに切り上げて、19時から万全の態勢で待っていたわけですから、Aさんの気持ちもわからないではありません。

しかし、配達員さんが来た時間は、20時55分。指定時間のギリギリ範囲内であり、まあ落ち度はありません。

ひとまずAさんは「ありがとうございます」と受け取っておけば良かったのですが……。イライラを言葉に出して相手にぶつけてしまうあたりが、せっかちさんと言えますね。

【せっかち成分】青筋立っちゃう系（タイプAパーソナリティ）／テンパっちゃう系（切迫性）

【事例2】人の話はどんどん先読み。推理した答えはオチまで言っちゃいます！

友人　「昨日、びっくりすることがあったんだよ」

Ｂさん「なになに？」
友人「私、いとこの結婚式に出席するために、今週末長野に行くんだっていう話を会社でしてたわけ。そしたら、会社の仲のいい先輩がさ……」
Ｂさん「一緒に長野に行きたいって？」
友人「いや、そうじゃなくて。先輩も、週末に長野に行くって言うわけ、それで……」
Ｂさん「へえ〜、先輩は旅行？」
友人「いや、そうじゃなくてさ、先輩も結婚式で長野に行くって言うの」
Ｂさん「先輩、長野で結婚式するの⁉」
友人「そうじゃなくて、友達の結婚式で長野に行くんだって。それで……」
Ｂさん「もしかして、どっちも軽井沢の教会で結婚式があるとか⁉」
友人「あ〜、まあ、そうなの……。なんだけど、それだけじゃなくて……」
Ｂさん「え、もしかして、教会が一緒だったとか⁉」
友人「あぁ、そ、そうなのよ〜。それで、しかもさ……」

Bさん「もしかして、同じ結婚式とか〜⁉」
友人「……。そ、そうなの……」
Bさん「そんな偶然ってあるんだね！　すご〜い」
友人「そ、そうでしょ……」
Bさん「そんなこと言ったら私だって似たようなことあったよ。親戚の家に遊びに行ったときにさ、○△☆□×※○×△△○※□×○△※☆□×○」
友人「………………」

せっかちポイントはココ！

人の話を最後まで聞かない、話をかぶせる、先にオチを言う――。ときどき遭遇するせっかちさんのパターンですね。

事例の場合、友人が話すたびに、「それって、こうだったの？」「そうだったんでしょ！」と、Bさんは答えを予測して先に言ってしまいます。しかも、その答えがいちいち違うので、「そうじゃなくて」と友人は否定の言葉を挟まなくてはならなくなり、話のテンポはダダ崩れです。

かと思えば、最後のびっくりエピソードはズバリ的中。的中させた後は、さらっと自分の話を始めてしまいます。

友人は、話をうまく展開して、最後にびっくりした結果を自分の口で披露したかったはずです。仲のいい友達であっても、どんなに推理が働いても、トークのオチは本人に話させてあげるのがマナーでしょう。「ちょっと聞こうよ」「ちょっと待ってよ」という場面です。

相手が話し終わるまでどうしても待てないせっかちさん、まわりに案外多くいますよね。


【せっかち成分】お手つきしちゃう系（行動の抑制）

【事例3】漏れるわけではないけれど。すぐに用を足せますから！

会社のトイレの入り口で、上司とばったり遭遇したCさん。

Cさん「お疲れさまです～」
上司　「おいおい、Cくん、漏れそうなの？」
Cさん「いや、そんなことないっすよ」
上司　「なんか急いで出掛けないといけない打ち合わせでもあるの？」
Cさん「いや、なんもないっす。この後、昼休憩っす」

上司　「まだトイレに入る前だぜ。ズボンのチャックを下ろすの早くないかい？」
Cさん「そうっすか？　すぐに用を足せて便利っすよ」

せっかちポイントはココ！

時間がないわけでも、漏れそうなわけでもないにもかかわらず、大急ぎで用を足さなければならないかのような動きをするCさん。

自宅であれば、チャックを下ろしながらトイレに向かうことも、まあ良しとしましょう。しかし、公共の場である会社のトイレとなると話は別です。

チャックを下ろすのは便器の前に立ってから、あるいは個室に入ってからでも十分間に合います。

また、その場にほかの人も居合わせる可能性もありますから、チャックを下ろしながら、というのは、ちょっとお行儀が悪いようにも感じます。

TPOという言葉もありますね。そのあたりもわきまえず、意味もなく早め早めの行動をとってしまうところがせっかちさんである所以(ゆえん)です。

【せっかち成分】お手つきしちゃう系(行動の抑制)

【事例4】エレベーターの「閉」ボタン。連打しないと気が済まない!

機械の音声「トビラガシマリマス」

カカカカカカッ。

Dさん「(エレベーターに乗ってから、ドアが閉まるまでの時間が手持ち無沙汰(ぶさた)っていうか、なんか間がもたないのよね)」

カカカカカカッ。

Dさん「(まあ、べつにボタンを連打したからといって、早く閉まってる気もしないけどね)」

せっかちポイントはココ!

エレベーターの製造会社に確認してみなければはっきりはわかりませんが、ボタンを連打したからといって、ドアがそれほど早く閉まる設計にな

っているとは思えません。
もしも、ボタンを連打することで早く閉まるとしても、ほんの1秒か2秒でしょう。その数秒の違いが、その後の行動に大きく影響するとも思えません。

エレベーターに乗った瞬間に、人の動きも空気もストップするように感じるため、ドアが閉まるまでの時間が少し長く感じるのかもしれませんが、ほんの数秒です。

まあ、それくらい待ってみましょうよ。

【せっかち成分】白黒つけたがる系（不確実性への不耐性）

【事例5】バリカタが好きなわけじゃないけれど。3分なんて待ってられない！

ごはんを作るのも食べに行くのも面倒なとき、カップ麺で済ませてしまう日もあるでしょう。

やかんにお水を入れて火にかけます。

しばらくして、やかんはなかなかピーって鳴らないけれど、このままお湯を入れてしまおう、とEさん。

キッチンタイマーを3分にセットします。

じっと待つ。もう食べたい。あと1分……。

Eさん「(もういいんじゃない？　もう食べちゃおう。あれ、なんかカタい。もう1回フタをして待つ？　それも面倒くさい。いいや、このまま食べちゃおう)」

まあ、お腹いっぱいになったから、結果オーライ。

せっかちポイントはココ！

Eさんは、カップ麺に限らず、コンビニ弁当を電子レンジで温めるときも、チーンと鳴るまで待てないタイプだと想像できます。ちょっと冷たいままのお弁当を再度温め直すことなく、冷たいままお腹にかきこんでしまうのです。

あとたった1分待てば、確実においしく食べられたのに、まったく残念です。しかし、お腹がふくれればそれでいいというのが、このタイプのせっかちさんの一つの特徴です。

同様に、お湯が完全に沸騰するまで待てない、手間のかかる料理は作らない、早食い、食べ物をボロボロこぼすといった行動も、このタイプの特徴です。

【せっかち成分】目先のお金が大事系（遅延報酬割引）

【事例6】髪の毛がしっとりまとまらない。長風呂って性に合わないのよ！

年齢を重ねて髪の毛がパサつくようになってきたFさん。ちょっといいトリートメントを購入しました。明日は休日。さっそく今晩は、ゆっくりバスタイム＆ヘアケアを行なうことにしました。

Fさん「（えーと、トリートメントの使用方法は、『シャンプーした後、水気を切って、髪の毛全体にトリートメントを伸ばして、10分待つ』ね）」

トリートメントをつけて待ちます。湯船につかりながらじっと待つこと5分。

Fさん「んー、長い！　もういい、流す！」

相変わらず、Fさんの髪の毛はパサつきがちのようです。

せっかちポイントはココ！

世の中にあるさまざまなアイテムは、使用方法を守ってこそ効果を最大限に発揮できるものです。このトリートメントの場合は10分待たなければ、髪の毛に成分が浸透していかないのでしょう。

せっかく使用方法を読んだにもかかわらず、また、休日前で時間もたっぷりあったにもかかわらず、そしてたった5分待てばしっとりした髪の毛を手に入れられるはずだったにもかかわらず、残念です。

こうした「ただ待つ」ことが難しいせっかちさんも多いのです。

【せっかち成分】目先のお金が大事系（遅延報酬割引）

【事例7】とくに急いでいるわけではないけれど。スピード上げてぶっ飛ばす！

Gさんはとくに用事もなく、休日に一人でドライブに出掛けました。

ブーン。

天気もいいし、高速道路に乗って、ちょっと遠出することにしたようです。

ブーンブーン。
なんだか気分が乗ってきたGさん。アクセルを踏み込みどんどんスピードアップしてきました。
ブーンブーンブーン。

Gさん「ほかに走っている車もほとんどないし、どんどん行っちゃえ！」

ウウウウウウウウゥ――。

Gさん「え？　サイレン鳴ってる!?　もしかして、オレーーー!?」

せっかちポイントはココ！

ものすごくいい気分になると、気持ち良さを追求しなければ気が済まな

くなる切迫性タイプのせっかちさんです。

自分の欲望にブレーキをかけずに突き進んでしまうと、場合によっては犯罪者にもなりかねません。

ちなみに、この事例のスピード違反は自分が楽しくなってやっているポジティブなノーブレーキタイプです。

運転つながりではあおり運転もあります。あおり運転は、イライラした自分にブレーキが利かない、ネガティブなノーブレーキタイプと言えるでしょう。

【せっかち成分】テンパっちゃう系（切迫性）／向こう見ず系（退屈）

【事例8】気づけば仕事を任されがち。僕、本当は忙しいんです！

上司　「Hくん、『明日までに』ってお願いした資料なんだけどまとまってる？」
Hさん「あ、はい。えっと、明日、お渡しします」
上司　「そう？　そんなに大変な作業ではないと思うけど、忙しいならほかの人にお願いするよ」
Hさん「あ、大丈夫です。僕やれます！」

上司に頼まれた仕事が明日締め切りだったということを、Hさんは忘れていたようです。

しかし、Hさんにはほかにも締め切り前の仕事があって、じつは一杯いっぱいな状況です。

Hさん「(アレもあったし、コレもあったし、ソレもやらなきゃならないし……。このままだと、仕事ができない人間って思われそう。僕は仕事ができるタイプだし、やっぱり頼まれた仕事はやらなくちゃ！)」

しばらくパソコンに張りついて仕事をしていましたが、集中が切れたとたん、こんなことを思うようになりました。

Hさん「(あ〜、でも、なんだか面倒くさくなってきた。きっと僕なら一日あればできる仕事のはず！　今日のところは面倒だから、明日やればいっか)」

せっかちポイントはココ！

あれもこれも気になって、スケジュール通りに仕事を進められなくなるせっかちさんがいます。

ちょっと面倒だなと思うと、仕事を先延ばしにしてしまう傾向があります。抱えきれないほどの仕事を頼まれても「仕事ができないと思われたくない」、などといった感情になり、なかなか断わることができません。その結果、残業も増えてしまいます。

ついでに、残業している自分は人一倍仕事ができると勘違いしがちなところも、このタイプの特徴です。

【せっかち成分】テンパっちゃう系（切迫性）

【事例9】いつも交際が続かない。あの人のほうが素敵なんだもん！

友人「Iちゃん、また彼氏代わったの？　この間までつき合ってた彼、優しそうだし、かっこいいし、とっても素敵な人だったのに」

Iさん「それがさ、私の前でおならとかゲップとかするようになったのよ。『やめて！』って言っても全然直してくれないんだから！　それが嫌だなって思ってたら、今の彼を見つけたの。彼はおならやゲップは当然しないし、清潔感にあふれてるし、かっこいいし、優しいし、今のところ満点ね」

友人　「そうなんだ。でも、前の彼氏もその前の彼氏も、最初はベタ褒(ぼ)めだったじゃない！」

Iさん「まあね。でも仕方ないよ。やっぱり素敵な人のほうがいいじゃん？」

せっかちポイントはココ！

次から次へとパートナーを代える人、浮気をする人、パートナーがいない期間がほとんどない人。こういった人もせっかちさんである可能性が高いです。

人間は妊娠期間が長く、少ない子どもをじっくり長く育てる生き物です。だから、一人のパートナーとじっくり関係を築いていきます。そういった意味では、本来、人間はせっかちな生き物ではありません。

しかし、Iさんの場合、彼の悪い面が少し見えただけで嫌気がさし、関係性を築く努力はしないようですね。より条件のいい彼が見つかれば、さっさと乗り換えてしまいます。

より良い遺伝子を残そうとする本能とも言えるかもしれませんが、少し落ち着いて、生涯をともにするパートナーをじっくり見つけたほうが、人間という生き物らしいと思いませんか？

【せっかち成分】浮気しちゃう系（早い生活史戦略）

【事例10】最終レースで取り返せばいい。運に任せて全額ぶっこめ！

Jさんは、1万円を持って競馬場にやってきました。しかし、最終レース目前、手持ちは1000円しか残っていないようです。

オッズが高い馬券に1000円使うか、それとも……。

Jさん「(今月は飲み会が多くて、生活費がちょっと足りなくなりそうなんだよな。ここで一発当てないと……)」

迷うことなくATMであと1万円を引き出したJさん。最終レース、大穴馬券に1万円！　今日は負け続けているから最後は絶対くるはずだと期待しているようです。

Jさん「負けた……」

せっかちポイントはココ！

ギャンブルをほどほどに楽しむのは悪いことではありません。今回のパターンでは、Jさんは「今日の競馬資金は1万円」と決めて楽しんでいたようですが、最終レースでせっかちさが爆発してしまいました。
もしも、残り1000円を全額使って、この日の競馬資金が0円になってがっかりして帰ったなら、私も「残念だったね」とせっかちさん判定はしません。

せっかちさん判定となるポイントは、ＡＴＭに行って追加の１万円を引き出し、しかも「最終レースは絶対に勝つ！」と思い込んでいるところです。

少し冷静になって考えれば、最終レースもハズす可能性だって十分にありますし、追加で引き出した１万円はもともと少ない生活費です。

ここは、残りの１０００円だけで競馬を楽しんだほうが得策と言えたでしょう。

よ〜く考えて。お金は大事です。

【せっかち成分】テンパっちゃう系（切迫性）／向こう見ず系（退屈）

【事例11】リアルタイムで観ない理由。映画やドラマは2倍速がいいんです！

友人　「例の映画、テレビで放映されてたの、観た？」

Kさん「うん、観たよ」

友人　「映像がすごくきれいで、ゆったりした音楽がストーリーにぴったりだったよね。最後はうるうるしちゃった」

Kさん「そう？　ストーリーはまあ良かったね。結末は、一応、納得したかな」

友人　「もしかしてKちゃん、また録画してからちゃちゃちゃっと観たんでしょう？忙しかったの？」

Kさん「忙しくはなかったけど、リアルタイムで観るのって、なんだか時間がもったいない気がするんだよね。たしかにゆっくり観れば、見落とす部分もなさそうだけど……。でも、録画して2倍速で観ると早く観終われて時間を有効に使えるよ」

友人「そ、そうなんだ……。でも忙しくないなら、ゆっくり時間を使えばいいじゃない」

せっかちポイントはココ！

2時間の映画は2時間かけて観ることで、主題を理解できたり、最大限に感動できたりするように作られているものです。

Kさんの場合、おそらく2時間かけて観たほうがいいような気はしているのに、ゆっくり時間をかけて観ることができないようです。やはり、せっかちさんと言えるでしょう。

また、Ｋさんのように倍速にして観るだけでなく、結論を先にリサーチしてから観るような人もいると言います。もしかしたら、「不確実」なことにハラハラドキドキするのが苦手なせっかちさんというケースもありそうです。

ちなみに、音楽のアルバムも曲順にストーリーを持たせて制作されていることが多いと思います（とくにＣＤが主だった頃までは……）。そのため、シャッフルするよりも、アルバムの順番通りに聴いたほうが心に響く何かがあるかもしれませんね。

【せっかち成分】目先のお金が大事系（遅延報酬割引）／白黒つけたがる系（不確実性への不耐性）

【事例12】ダイエットが続かない。誘惑には勝てないから仕方ない！

ダイエット中だけど、頑張っている自分のご褒美にシュークリームを一つだけ買って帰ろうとしているLさん。

Lさん「シュークリーム、一つください」
店員「かしこまりました！　お客様、こちらのケーキ、季節限定で今週いっぱいで販売が終了するんです。ぜひ、ご一緒にいかがですか？」
Lさん「おいしそう！　じゃあ、そのケーキもお願いします」

店員「ありがとうございます!」

シュークリームを一つだけ、と決めて来たものの、限定商品となるとつい即決してしまいました。

じつはLさん、「今日だけ、今日だけ……」と毎日こんなことを繰り返していま す。

いっこうに体重に変化は見られません。

せっかちポイントはココ!

なかなかダイエットが成功しないと言うせっかちさんがいます。

目の前に現れた魅力的なコトにすぐに心が奪われてしまうからです。思いとどまる時間を作れないわけですね。

こういう人に限って、長期間継続してじっくりとダイエットをするので

SWEETS
SWEETS
SWEETS

はなく、短期間ですぐに痩せられる無理な減量をしてしまいがちです。
裏を返せば、肥満になりやすいという傾向もあるため、ちょっと注意が必要です。

【せっかち成分】お手つきしちゃう系（行動の抑制）

【事例13】ゴシップ好きの井戸端会議。ねえ、知ってる？　じつはね……！

ママ友「あそこのお子さんって、大変な病気だって噂あるわよね。本当なのかしら」

Mさん「そう、そこの大きな病院にずーっと入院してるんだから」

ママ友「え、そうなの？」

Mさん「そうよ。私、病院の前で見かけたもん」

ママ友「いや、でも、だからって、入院してるとは限らないでしょ」

Mさん「絶対そうよ。間違いないわ。奥さん、外では明るくしゃべってるけどね。
　彼女も大変なのよね」

ママ友「本人から聞いたわけでもないし、決めつけは良くないわよ～」

せっかちポイントはココ！

いつの世も、芸能界やご近所の噂話はよくあるものです。

Mさんは、噂話を聞いた時点で、その噂を確認することなく、また少ない情報だけで、すぐに本当だと思い込んでしまうせっかちさんです。

しかし、根拠がない場合、やはり噂話は噂の域を出ないはずです。

ちなみに、せっかちさんには陰謀論にはまりやすい傾向もあります。逆に陰謀論を強烈に批判する傾向にあるせっかちさんもいます。

というわけで、あやしい新興宗教や反社会的勢力には、せっかちさんが多いとか多くないとか……。

【せっかち成分】白黒つけたがる系（不確実性への不耐性）

【事例14】満員電車はポジション取り戦争。あなたがどきなさいよ！

Nさん「（もう、ちょっとこっちに体重かけないでよ！　私は次の駅で降りるんだから、どきなさいよ！）」

これは、満員電車の中での一面です。それでは、Nさん以外の乗客の心の声もお届けしましょう。

「（ちょっとこのオバサン、ぐいぐい来るな〜）」

「（ドアのほうに向かってるけど、次の駅で降りたいのかしら……？　まだ時間かかるし、そんなに動かないでよ）」

「（次の駅はターミナル駅だから、みんな一気に降りるのに……）」

「（身動きとれないのに、人をかきわけて移動しないでよ〜！）」

「（あぶない！　倒れちゃう！）」

せっかちポイントはココ！

満員電車には、暗黙のルールがあるものです。お互いがお互いを支え合うことで電車が揺れてもバランスを保てたり、駅では降りる人を優先したりしています。

今回のNさんは、「満員だから早めに降りる準備をしておかなければ降りられなくなるのではないか」、あるいは「いち早く電車から降りたい！」などの思いがあって、ギュウギュウ詰めの中で動き始めたのでしょう。

しかし、言うまでもなく動く満員電車の中での移動は人の迷惑になり、とても危険です。

駅に着いてから「すいませ〜ん、降りま〜す」と言えば、スペースを開けてくれるのが日本人です。

降りられないかもしれない不安から、人の迷惑も顧みずに早く降りたいと行動するのは、まわりが見えていないせっかちさんと言えるでしょう。

【せっかち成分】青筋立っちゃう系（タイプAパーソナリティ）／お手つきしちゃう系（行動の抑制）／白黒つけたがる系（不確実性への不耐性）／それは許せない！系（不寛容）

第3章
「形」から入ってじっくり取り組む——行動編

「せっかちを直したい」と思っても、せっかちさんはついついせっかちな素質が刺激されてしまうものです。

そこで、せっかちを落ち着かせる方法として、まずは「形」から入ってみることをおすすめします。つまり、気持ちよりも行動を少し変えてみるということです。

心理学でも、行動から回復を試みるのは王道の方法です。たいした準備は必要ありませんし、自分にできそうなことから試せますので、あれこれ考える前に取り組んでみましょう。

マインドよりも行動から入れば「やる気」は後からついてくる

せっかちを直そうと思い立っても、「やる気ってどうやれば出るの？」「やる気さえ出れば、行動に移せるのになあ」などという声をよく聞きます。

「やる気」というエネルギーのチャージメーターが満タンになれば、なんだってできるという発想でしょう。

じつは、この「やる気はどうすれば出るか」「やる気さえあれば動ける」と考えるのは、せっかちさんの特徴の一つです。

切迫性、つまり感情に左右されていることになります。「やる気」=「感情」さえ湧けば動ける、と感情優先になってしまっているということです。

しかし、やるかやらないかは、感情のあるなしとは関係ありません。**やりたくないという感情があっても、「やる」ことはできる**はずです。

また、どうしてもやらざるを得なくても、しぶしぶであっても、実際に取り組んでみると、「ちょっと先に進めて良かった」という経験をしたことがある人も多いのではないでしょうか？

気持ちを整えてから、ではなく、とにかく動いてみましょう。そうすると、**「やる気」という気持ちは自然に後からついてくる**ものです。

ヘヴィメタルがせっかちを直すこともある

せっかちを直すために、「心が落ち着きそうな習い事にでも通ってみようか」と思いつく人がいるのではないでしょうか？

たとえば、華道や茶道、書道などです。

たしかに、せっかちとは正反対のとても落ち着いた嗜み（たしなみ）のようなイメージがあります。

一方、ヘヴィメタルのような音楽やアクションゲームなどの趣味は、いかにもせっかちを刺激するようなイメージがあります。

しかし、場合によっては、**ヘヴィメタルやアクションゲームよりも華道や茶道などのほうが、せっかちを刺激することがある**ので注意が必要です。

華道や茶道、書道などを本格的に始めると、そこには守らなければならない細かな作法がたくさんあったり、厳しい師範(しはん)がいたり、上達すればそれこそ競争の世界に身を置いたりすることになります。

せっかちを落ち着かせたいにもかかわらず、厳しい面が多い習い事を無理に始めたとしたら、逆に切迫性を刺激されることになり、結局せっかちさを煽(あお)られることにもなりかねません。

ヘヴィメタルの場合は、たしかに激しい音楽でとても心が落ち着くようなイメージはないでしょう。

しかし、もともと音楽が大好きで、「ヘヴィメタルをギターで弾けるようになりたい!」といった目標があったとします。

そうして、**毎日少しずつ練習を積み重ねていくのであれば、それはせっかちを直していく方法**の一つになり得ます。

何事も「じっくり」が肝心

もちろん、華道や茶道、書道がせっかちにはダメで、ヘヴィメタルやアクションゲームがいい、というわけではありません。

つけ加えて言えば、「ゆっくり」なことが良くて、「激しい」ことがダメというわけでもありません。

「何をやるか」ではなく、「じっくりやるか」ということが大切なのです。

ちなみに、取り組む何かを選択するときは、次のようなことを意識するといいでしょう。

◎自分自身で選んで始められること

◎やっていて楽しいと思えること
◎上達したいと思うこと
◎取り組んでいて新しい発見を得られそうなこと

せっかちさんを落ち着かせる行動の敷居は、決して高くありません。わざわざお金と時間を使って、どこかの教室に通わなければならないわけでもありません。

自分が楽しめることを日常のなかに取り入れるだけで、きっとせっかち度合いは変わってくると思います。

自分らしさが見つかるまで気長に待つ

ただし、注意したいこともいくつかあります。

まず、続けることや習慣にすること自体が苦痛になってしまうと、元も子もありません。

「やらなきゃ」「頑張らなきゃ」といった感情に追い立てられると、結局せっかちさんらしい「追求」の仕方で取り組みかねないからです。

次に、ハマり過ぎて生活に支障を与えてしまうことです。

たとえば、スマホゲームがあります。必要以上に課金して、なくてはならない生活費を使ってしまうタイプのせっかちさんもいるかもしれません。

そもそも課金となると、ゲームがうまくいくようにゲームを提供する側がお膳立てしてくれていることになります。

そうなると、「自分自身で選んで始める」「自分自身で上達したいと思える」とは少し矛盾が生じることになります。課金の限度にも用心する必要がありそうです。

さらに「やってしまったこと」に関しては悩まないことも大切です。

たとえば、せっかく始めた趣味なのに三日坊主で終わってしまうと、「あ～、やっぱり続けられなかった……」と後悔するかもしれません。そのまま悩み続けると、せっかちを発動するネガティブな感情に引っ張られてしまいます。

続かなかったら続かなかったままでもいいと思います。自分にとっていいものが新しく見つかることを気長に待ちましょう。

始業時間を守るなら終業時間も守ってみる

「日本人って時間にルーズだよね」

こんなふうに話す外国人がいます。

しかし、日本人はルールやマナーを守る人が多く、交通機関、とくに電車はほぼ時間通りにやってきます。世界的に見ても、日本人が時間にルーズだという印象はあまりないでしょう。

では、この外国人は何を見て、日本人がルーズだと思ったのでしょうか？

それは、勤務時間、それも終業時間です。

日本人はとにかくよく働きます。体調が悪くなりそうなほど混んでいる満員電車に乗って、なんとしてでも始業時間に間に合わせようと頑張ります。

人身事故で電車が大幅に遅れていても、出社をあきらめることなく、バスやタクシーの長蛇の列に長時間並ぶような人も大勢います。

そんな朝の過酷な通勤を回避するためかもしれませんが、人によっては始業時間よりも随分早くに会社に到着している人もいるでしょう。

それにもかかわらず、**なぜか終業時間に関してはルーズ**です。

定時になってもなかなか退社しない。ルーズどころか、終業時間を大幅にオーバーして、しっかり残業します。

こういった仕事の現場を見て、日本人が時間にルーズであると思われたのでしょう。

始業時間を守ることが規則なら、終業時間を守ることも規則のはずです。終業時間が守れないなら、それは規則違反とも言えるわけですね。

このように考えると、「残業してでも仕事をしなければならない」という追い立てられるような気持ちから少し解放されるかもしれません。

体調が悪いときは何がなんでも「休む」が鉄則

少々具合が悪くても、出社して仕事をした経験がある人は少なくないでしょう。具合が悪いにもかかわらず無理をして出勤し、生産性が上がらなくなる「プレゼンティズム」（p39参照）という言葉もあるほどです。

そのプレゼンティズムという状況ですが、たとえば風邪を引いて咳やくしゃみが止まらないような場合はどうでしょうか？　この場合、人によって出社に対する考え方がまったく異なることがあります。

Aさん「まわりの人にうつしたら悪いから、出社は控えよう」
Bさん「熱も出ていないし具合はたいして悪くないから、この程度で休んではいられない」

Bさんは、出社することが迷惑になると考えるよりも、会社を休んで仕事が滞ることのほうが迷惑になる、あるいは自己管理も仕事もできない人と思われたらどうしよう、などと考えているのかもしれません。

これは、ネガティブな感情に追い立てられてしまうせっかちさんの素質があるタイプです。

ただし、このような考えにいたるのには、「出社して仕事をしなければならない」という雰囲気を会社や上司が醸し出しているのかもしれないし、「自分自身の勝手な使命感や感情」で出社しようとしているのかもしれません。

せっかちの素質があるのは、後者のように感じるかもしれませんが、環境がせっかちを作ることもあると考えると、どのような理由であってもせっかちさんと言えます。

新型コロナウイルスが世界的に流行したときは、少しでも具合が悪いときには出社しないことが社会のルールでした。

今、具合が悪いけれど無理して出社しようと考えているなら、「もし、これがあのときのコロナだったら……」と想像してみてはどうでしょうか?

未知の感染症はこれからも流行ることがあるかもしれません。具合が悪いなら、やはり仕事は休んだほうがいいような気がします。

「自尊心」の本当の意味を知れば仕事はセーブできる

休んだほうがいいとわかってはいても、休めば自分の成績が下がることを気にして、「自分のプライドが許さない！　だからやっぱり休めない！」と考える人ももちろんいるでしょう。競争が激しい職場で、トップの成績をキープしているならなおさらです。

ちなみに、「プライド」という言葉は「あの人はプライドが高いからね」「なんだか彼のプライドを傷つけちゃったみたい」といった好ましくない印象を持つ人が多いかもしれません（※13）。

さて、ここでは「自尊心」という言葉を使いましょう。自尊心とは、負けん気や勝ち気のような気持ちばかりを指すわけではありません。

じつは、**「すごく落ち着いている」ような状態も自尊心**です。それは、**自分の体も心も大切にする、尊重すること**でもあります（※14）。

つまり、「具合が悪くても成績を下げたくない」という思いが自尊心なら、「具合が悪いから自分の体を大切にしよう」という思いも自尊心というわけです。

今までとは違った自尊心を少し芽生えさせることができれば、どうしても出社しなければならないという気持ちに、ブレーキをかけることができるのではないでしょうか？

また、**自分の体を機械にたとえてみる**こともおすすめします。

機械も長時間稼働し続けるとヒートアップします。なかには、自動的にスリープ状態に入るものもあるでしょう。

人間は機械よりもデリケートにできているはずです。しかも、自分の体のことを他人がぱっと見てわかるわけではありません。**スリープ状態に入るべきタイミングを自分自身でしっかり見極める**ことも大切です。

自分は自分ですから、「成績を下げるわけにはいかない！」「休めない！」という自尊心だけでなく「自分の体を大切にする」という自尊心にもちょっと気づいてみてはどうでしょうか？

スマホとともに上司が家までついてくる？

老若男女、今ではほとんどの人にとっての必需品であるスマートフォン。友人との連絡も、買い物も、調べ物も、仕事も、勉強も、ゲームも、動画も、音楽も、カメラも、なんでもスマホ１台で完結するほど便利なアイテムです。

しかし、何をしていても仕事のメールや連絡がスマホに飛び込んでくることを厄介に思っている人も少なくないのではないでしょうか？

自分が休みの日でも、どうしても仕事のメールを目にしてしまう……。苦手な上司や同僚がいる人にとっては、家に帰っても休みの日でも、スマホとともに彼らについて回られているような気すらしなくもありません。

さまざまなことができて、人によってはオンオフの切り替えが難しいスマホは、「急いで」「いくつかの作業を同時に」「○○しながら」など、見るだけでせっかちを刺激する存在であるようにも思います。

そういった刺激を減らすことで、せっかちは少し落ち着きます。

スマホの電源を切る、スマホを持たずに出掛けてみるといった行動を思い切ってとってみることで、気持ちがすっきりするかもしれません。

ファストフード店やコンビニに行かない生活

続いて、日常生活で気をつけたい行動についてです。

日本にマクドナルドの1号店がオープンしたのは1971年です。当時は高度経済成長期で、日本人は一生懸命働いていました。今となっては考えられませんが、週休二日ではなく、週休一日が当たり前で、土曜日の午前中までしっかり働くのが当然でした。

そんな忙しい時代に、アメリカからやってきたのが、マクドナルドのハンバーガーです。その味は、日本人にとって非常に新鮮だったでしょうし、スピーディーに提供され、手早く食べられるハンバーガーは、とても手軽な食べ物だったでしょう。

現在は、マクドナルドだけでなくいろいろなファストフード店を街のあちこちで見かけます。ファストフード店は、おいしいものをすぐに安く食べることができて、本当に便利ですよね。

ではここで、誕生日や記念日に、恋人とゆっくり外食することを想像してみてください。

どんな場所で、どんな料理をいただこうと考えますか？　世代にもよるかもしれませんが、ゆっくりじっくり食事を楽しみたいときには、やはりファストフード店は選択肢に入ってこないのではないでしょうか？

ファストフード店は、**どんな形のどんな味のハンバーガーが出てくるか、すでにわかっている**わけですから、食事をじっくり楽しむという行為とは少し遠い存在でしょう。

43ページでもお伝えしましたが、カナダで行なわれた研究では、自分の住んでいる地域にファストフード店が多いほど、自分の経験をじっくり味わう傾向が低いこ

○○
バーガー
コンビニ

とがわかっており、**ファストフード店が「せっかちモード」を起動させる**のではないかと考えられています。

この研究から考えると、生活に必要なものがなんでもそろっていてとても便利なコンビニエンスストアも、せっかちを刺激する要因になり得そうです。

出勤するとき、帰宅するとき、**ファストフード店やコンビニが目に入りにくい道をあえて通ってみる**ことも、自分のせっかちを刺激しない方法の一つになるでしょう。

お金を見ると食事がまずくなる？

たくさんお金を持っていれば、なんでも好きなものを買えて、おいしいものをたくさん食べられて、さぞ幸せだろうと想像することでしょう。

しかし、次のような興味深い論文があります。

40名の大学生を対象に、お金の写真を見せた後にチョコレートを食べさせたところ、食べるのが早くなったと言います。

また、食べている様子を観察すると、おいしそうに見えなくなることもわかりました(※15)。

食べるのが早くなるということは、そのものをじっくり味わっていないということです。そして、**食べ物をじっくり味わわないというのは、せっかちさんの一つの特徴**でもあります。


さらに、同じ論文で次のような報告もあります。

374名の成人に調査を行なったところ、お金持ちは楽しい経験を味わう力が低く、その結果、幸福感が下がってしまうことがわかりました。

これは、**贅沢をするとささやかな幸せに鈍感になる**ためと解釈されています。

たしかに、本当にお金がないときは、ちょっとしたごちそうでも喜んで味わって食べるでしょうし、とびきりおいしく感じることができると思います。

自分がせっかち気味だなと思うときはなおさら、そうではなくても、**食事中は財布をカバンの中にしっかりしまって、目の前のごちそうを丁寧に味わう**ようにしましょう。

お惣菜をじっくり味わうためのひと手間

仕事で疲れて帰ってきて、ごはんを作る元気もないとき、コンビニやスーパーはやはり便利な存在です。

お弁当もお惣菜もカップ麺も、食後のデザートでもなんでもそろっています。とくに一人暮らしともなると、そういった商品を買って帰って、ササッと夕飯を済ませる人も少なくないでしょう。

しかし、それでは、ただ空腹を満たしただけにすぎません。ついでに、さっさとお風呂に入って、早く寝てしまいたい――という意識も加わって、おそらく「味わう」ことをしていないのではないでしょうか？

せっかちを発動させないためには、食事をじっくり楽しむことが大切だとお伝えしました。

いつもは10分でお弁当を食べるところを、20分かけてゆっくり食べてみてください。 20分はさすがに長いと思うなら、最初はいつもよりも5分、食事の時間を延ばすだけでもいいと思います。

たった5分、夕食に時間を多くかけたからといって、その後の生活に重大な問題はそうそう起きないでしょう。

疲れているならなおさら、お弁当にどんなおかずが入っているか、どんな味がするか、味わいながら食べてみてはどうでしょうか？

また、**買ってきたお惣菜をお皿にきれいに盛りつけ直して食べること**もおすすめです。

お惣菜の容器のまま食べるよりも、きっとおいしく感じることでしょう。「食事をした」という満足感を得られると思います。

忙しくてお弁当や出来合いのおかずを食べるにしても、「食事を楽しむ」「食事を味わう」ことを少しだけ意識してみましょう。

2時間で鑑賞するからこそ意味がある

次は、趣味とのつき合い方についてお話ししましょう。

レンタルした映画や録画したドラマを1・5倍速、2倍速で観るせっかちさんがいます。あらすじさえわかればいいというスタンスかもしれません。

しかし、2時間の映画は「なんとなく作っていたら、たまたま2時間になった」

というわけではないでしょう。

2時間のなかに、たとえば喜びや悲しみ、期待や裏切りなど、登場人物のさまざまな感情が表現され、それらに合った映像や音楽が流れているはずです。そういった**感情の変化を追体験するためにも、ちょうど2時間ぐらいが必要**です。

せっかちモードを発動させないためには、それらをしっかり感じることが大切です。つまり、**2時間の映画はぜひ2時間かけて観てほしい**ものです。

ところが、家で観ていると、やはり早送りのボタンを押してしまうのがせっかちさんです。

そこで、一つの作戦として、**どうしても早送りできない映画館で映画を観てみる**のはどうでしょうか?

映画を観ていると、ハラハラしたり、ドキドキしたり、ホッとしたり、笑ったり、感情がさまざま動きます。そういった感情の変化をきちんと感じるには、それなりの時間の流れが必要です。時間を短縮するとその感情の変化が起きにくくなると考えられます。

じっくり2時間かけて観ることで、上がったり下がったりする感情の変化を楽しみ、今まで感じてこなかった何かを、映画から受け取ることができるかもしれません。

場合によっては、ストーリーがつまらなさ過ぎて、うんざりすることもあるかもしれません。そういったときも、とりあえず2時間かけて観てみることで、**「やっぱりつまらなかった」という感想を得る**ことができます。

そういった「気づき」も、せっかちを発動させにくくする一つのトレーニングになります。

テレビ番組であっても、録画をしてCMやオープニングテーマなどを飛ばしながら観るのではなく、早送りができないリアルタイムで観るようにするといいかもしれません。

映像作品に限らず、音楽も同様です。

今は、好きな曲をかんたんにダウンロードできて、好きな曲の好きな部分から聞くことができますね。

しかし、たとえばアルバムであれば、制作する側は曲順にストーリーを持たせていることが多いと思います（もしかすると、今は飛ばして聴くことを想定した曲順作りをしているかもしれませんが……）。

アルバムを聴くなら一曲目から順に聴いてみる、またシングル曲の場合も前奏から最後まできちんと聴いてみることを習慣にしてみてください。

もう一つ、たとえば田舎のおばあちゃんの家に、早送りも早戻しもちょっと面倒くさい昔のカセットテープとプレーヤーがあれば、それらを使って音楽を聴いて、どんな気持ちになるか試してみるのもいいかもしれませんね。

小さな本屋さんで
ランダムに選んだ本を1冊読んでみる

スマホにはさまざまな情報が洪水のようにあふれています。

しかし、**スマホで見た大量の情報は、人生の肥やしになったような気がしないの**ではないでしょうか？

おいしそうな料理の写真をいくら見たところで、お腹がいっぱいにならないのと同じです。

やはり、分厚い1冊の本を時間をかけてじっくり読破したほうが、なんとなく身になったような気がするでしょう。

そこで、**出掛けるときには、あえて紙の本を携帯してみる**ことをおすすめします。

電車の中ではスマホをカバンにしまって、読書の時間にします。1ページ1ページ本をめくっているうちに、忙しく指でスクロールするスマホからは得られなかった何かを見つけられたり、感じられたりするかもしれません。

また、品ぞろえが限られた街の小さな本屋さんで、**流れに身を任せるようにランダムに手にした本を読破してみる**ことも、ちょっと面白い方法だと思います。

もしかすると、途中で「つまらない！」と読むことをやめてしまいたくなるかもしれません。しかし、**つまらないと思いながら、1冊読んでみる**こともせっかちを落ち着かせる一つの方法です。

つまらないからとすぐにあきらめる行動は、せっかちさんの性質です。たとえつまらなくても、何事も最後まで続けてみる癖をつけましょう。

上達に時間がかかることにじっくり取り組む

せっかちさんがじっくり取り組む何かとして、楽器演奏はおすすめです。

もちろん、自分が楽器を弾いてみたい、弾けるようになりたい、もっと上手になりたい、という気持ちがなければ無理におすすめはしません。

楽器を上手に弾けるようになるまでには時間がかかりますから、じっくり取り組まなければなりません。

ここまでお伝えしてきたとおり、せっかちモードを発動させにくくする行動であることは、もうおわかりでしょう。

また、**上手に弾けるようになったという実感を得られたり、自分で音楽を奏でることで豊かな気持ちになれたりする**ことも、せっかちさんにとってはいい傾向です。

そして、とくに楽器演奏をおすすめする理由が、**「楽器を演奏している人は、72年の時を経て、認知機能が向上していた」**という研究結果があるからです（※16）。

72年間とは、せっかちとは真逆でずいぶんと気が遠くなるような研究ですが、実際にイギリスで行なわれたものです。

子どもから大人になれば、当然、認知機能は向上していくわけですし、育った環境によっては認知機能に差異は出てくるでしょう。

しかし、そういった分析を加えたうえでも、楽器演奏の経験がある人ほど、認知機能が高いという結果が出ています。

せっかちな気持ちを落ち着かせるとともに、認知機能まで向上できるかもしれないのが楽器演奏です。興味のある人はぜひ試してみてはどうでしょう。

打ち上げ花火、画面越しで見るか実物を見るか

夏、大空に舞う花火は圧巻です。

最近は空を見上げると同時に、何台ものスマホの画面に舞う小さな花火まで目に入ってきますね。

きれいな花火を、きれいな映像として残しておきたいという気持ちはよくわかります。

しかし、目の前で打ち上がる大輪の花火を、スマホの画面越しに小さく見るというのは、本末転倒のような気がしてなりません。

じつは、**写真を撮ると、かえって見たものの記憶が損なわれる**という研究結果があります（※17）。

これは、カメラの操作に気をとられてしまうことが理由のようです。

スマホはせっかちを刺激しやすいアイテムです。花火やきれいなものを見るときくらいは、スマホをカバンにしまって、心のアルバムに保管するようにしてはどうでしょう。

投稿する前に一歩引いて考えてみる

旅行に出掛けたり、食事に行ったりしたときに、やたらと写真を撮ってＳＮＳにアップする人がいます。

ＳＮＳにアップすることで、いろいろな人と楽しみを共有することはとてもいいことです。

しかし、「私はこんな素敵な場所にいるんだよ」「こんなに楽しくて充実した休日を送っているんだよ」というアピールめいたものが気持ちの隅っこにあったり、「いいね」の数を増やしたかったりと、人と比べる競争意識のようなものがある場合は、せっかちの発動につながりかねません。

こんなときこそ、自分の心を大切にする「自尊心」を思い出し、**自分がどんな気持ちでSNSに投稿しているのか、一歩引いて考えてみましょう。**

出掛けた先で、ときには「写真を撮らない」と決めて思い切り楽しんでみてはどうでしょうか？

写真を撮ることで言えば、フィルムを現像するタイプの昔のカメラを使って楽しむようにするのもいいかもしれません。

どんな写真が撮れたのかは写真屋さんで現像してもらって、受け取るまでのお楽しみです。せっかちさんが不得意とする「待つ」ことを、楽しみながら身につけられるかもしれませんね。

流行りもの自体がせっかちさん

何かにじっくり取り組もうと考えたとき、できれば**「流行りもの」は避けること**がおすすめです。

なぜなら、流行りものは、早い時期になくなってしまう可能性が高いからです。

そのため、習慣化するにはちょっと不向きと言えます。

そもそも、新しいものを流行らせるためには、世の中の多くの人にその流行りものにせっかちに飛びついてもらわなければなりません。

たとえば、スマホの新機種を手に入れるために行列する光景をテレビのニュースでよく見かけますね。最新式の機種を多くの人に買ってもらうためには、企業はその魅力を最大限にアピールして、消費者の「欲しい」と思う気持ちをかき立てなければなりません。

そして消費者は、**「誰よりも早く手に入れたい！」「早くお店に行って並ばなきゃ！」と、まさにせっかちを煽られます。**

それにもかかわらず、ある一定の時期が過ぎたらその新機種も旧型となり、もっとすごい機能が備わった魅力的な新しい機種が必ず登場します。それは、ある一定の商品だけが流行りすぎると困るからです。これが、「流行りもの」自体がせっかちさんと言える所以です。

もちろん、流行が過ぎ去っても、一人でじっくり取り組めることであれば、流行りものも決して悪くはありません。

流行りものが現れたとき、「あ、楽しそう！　私、これなら絶対できる！」と飛びつくのではなく、長く取り組めることなのかどうか、じっくり考えてからでも遅くはありません。

人間の生きるスピードはこれからも変わらない

ここまで紹介したように、自分が興味を持ったことや、やってみたいと思ったことを選んで、じっくり取り組んでみることは、せっかちさんにおすすめしたい行動の一つです。

しかし、「よし！　じゃあ、何かやらなくちゃ！」と、せっかちさんは趣味にするべき対象を探し始めるかもしれませんが、これと言って**やりたいことが見つからなければ、むしろ焦ってしまう**おそれがあります。

そこで、もう一つ提案しておきたいことが**「流れに身を委ねてみる」**ということです。

近年は、ＡＩをはじめとした情報通信技術がめざましく発達しています。これまで人間が長い時間をかけて作業していたことも、ＡＩはあっという間にやり遂げてくれます。

なんでも早く片づけてしまうこの世の中では、やはりせっかちは誘発されがちになるかもしれません。

しかし、どんなにＡＩが発達しようとも、そもそも**人間が何かを身につけたり、成長したりするスピードは、大昔からそれほど変わっているということはない**と思います。

たとえば、映画を観るときのドキドキした感情が頂点に達して、ホッとするという感情の動きにも一定の時間が必要です。

また、人間の体で考えても、筋肉がつくまでに1カ月かかっていたものが、5分でつくようになるかと言うと、そんなことはないでしょう。

1冊読み終えるまでに多くの人が2時間かかっていた本にもかかわらず、たった

5分で読み終えるような進化もしていないでしょう。

感情も肉体も、電気をパチッと入れたり切ったりするように、急に盛り上げたり切り上げたりはできません。

人間ならではの自然なスピードに身を委ねる

幸せについても同様です。人類がどんなに進化しても、すぐに幸せになれるものを見つけて、すぐに幸せになったかと言うと、そうではありません。

幸せを見つけることや幸せになることは、決してかんたんとは言えないからです。

余談ですが、幸せを得ることがかんたんではないからこそ、薬物などですぐに幸福を得てしまおうとするケースが後を絶たないのかもしれませんね。

これも、早く幸せを手に入れたいとするせっかちさんの一例です。ただし、薬物を使い続けることによる代償として、脳も体もボロボロになってしまうため、やはり薬物は踏みとどまる必要があります。


このように、人間の能力は格段に進化しているわけではありません。インターネットでたくさんの情報を短時間で得られるようになったからと言って、人間の知識を吸収するスピードまで速くなったわけではないのです。

だからこそ、せっかちさんに意識してもらいたいことがあります。

それは、**人間にとっての自然なスピードに流れを委ねてみる**ということです。

じっくり何かに取り組んでみることはもちろん、取り組んでみることが見つからなくても「まあ、いいや。そのうち何か見つかるだろう」、失敗ばかりしても「まあ、いいや。そのうちできるようになるだろう」と、ぜひ流れに身を委ねてみてください。

せっかちを刺激しない、幸福感につながる要素

じっくり何かに取り組み、せっかちになる要因をなるべく抑えていくことができれば、幸せな気持ちも得られるようになると考えられます。

幸せに影響する要因は、さまざまな分野で検討されています。そのうちの一つに、幸福の規定要因として**「環境が10%、遺伝が50%、意図的な活動が40%」**という報告があります（※18）。

注目すべきは、意図的な活動が40%という部分です。

意図的な活動とは、趣味や好きなことと言って良いでしょう。その意図的な活動

が幸福への効果も持続するとされています。

また、趣味というのは、自発的に選んで行動を起こすもので、「自律性」という言葉が当てはまります。そして、趣味を追求していくと、より上手くできるようになって、いわゆる「有能感」を得ることができます。そして、趣味を通じて人との絆が生まれれば「関係性」が構築されます。

この「自律性」「有能感」「関係性」の欲求がそろったとき、幸福につながることが研究で明らかになりました。

つまり、**夢中になれる趣味やスポーツをともにする仲間がいることは、幸福を得るためにとてもおすすめ**だということです。

そういう意味では、何か一つのことにこだわりを持ち、熱狂的に取り組むマニアやオタクと呼ばれる人たちは、これらの欲求がそろいやすいように思います。

共通の目的を持った仲間で、情報交換やオフ会などで行動をともにするケースもよくありますね。

マニアやオタクほどではなくても、何かに一生懸命取り組むことは、せっかちを刺激しないどころか、幸福感も味わえる素敵な行動と言えるようです。

幸せホルモンが「ちょっと待てない」を改善する

せっかちさんのなかには、「ちょっと待てない」という性質があります。

じつは、幸せホルモンと呼ばれる**「セロトニン」の分泌が減ると「待てなくなる」**という研究結果が出ています（※19）。

セロトニン自体が何かを生み出すというわけではなく、衝動的に何かをしそうになる気持ちに「待った」をかけるという働きがあるようです。

ちなみに、**セロトニンを作る材料となるのが、必須アミノ酸のトリプトファン**です。アミノ酸はたんぱく質を合成します。

トリプトファンを多く含む食品

食品名	成分量 （100gあたりmg）
◎大豆製品	
大豆（分離大豆たんぱく）	1200
凍り豆腐	750
湯葉	720
きな粉	550
◎ナッツ類	
かぼちゃの種	510
あまに	410
カシューナッツ	370
ごま	360
◎乳製品	
カゼイン	1100
パルメザンチーズ	590
脱脂粉乳	470
◎魚介類	
かずのこ（乾）	1300
かつお節	960
とびうお（煮干し）	930

※一日摂取量目安：体重1kgあたり約4mg
出典：文部科学省「食品成分データベース」を基に作成。

「最近、たんぱく質をとってないな」と思うなら、たんぱく質を積極的にとる食生活を心掛けてみてもいいかもしれません。

トリプトファンが多く含まれる食材には、チーズ、牛乳、豆腐、納豆、アーモンド、カツオ、マグロなどがあります。

ただ、トリプトファンを一気に過剰に体内にとり入れると、逆に具合が悪くなることもあります。とり過ぎには注意しましょう。

せっかちさんは一日を振り返ってはいけない

「幸せになるためには？」「人間関係を円滑にするためには？」「自己肯定感を上げるためには？」などをテーマにした記事をよく見かけます（ちなみに、厳密に言うと心理学には自己肯定感という言葉はありません）。

しかし、「なるほど」と思える手立てが、じつはせっかちを刺激しかねないことがあります。

たとえば、「幸福感を得るために、一日の終わりに『ありがとう』と感謝の日記を書きましょう」というような提案をよく目にします。

感謝日記は欧米人には効果があるのですが、日本人の場合は効果がありません。

なぜなら、よりせっかちになる可能性があると考えられるからです。

「今日、○○さんに『いつも助けてもらっているから』とお菓子をいただいた。○○さんありがとう。今日も一日ありがとう」

という日記を書いたとします。すると、日本独特のお返しの習慣がある私たちは、「あ、お礼をしないと……」という感情が湧いてきてしまいます。

これがせっかちさんともなれば、「早く百貨店に行って何かプレゼントを買っておかなくちゃ」「こちらからも早く感謝の気持ちを伝えなきゃ」といった思いを煽られかねません。

そもそも**せっかちさんは一日を振り返らないほうがいい**とも言えます。

せっかちさんはその日にあったことを思い出すと、いろいろ気になり始めてしまいます。

「仕事が予定通りに進まなかったな」「あの人にあんなことを言っちゃったけど、失礼だったかな」「あのとき、もっとこうしておけば良かったかも」など、考え始めたらキリがなくなってしまいます。

その結果、頭の中はネガティブな感情につきまとわれ、結局布団に入っても眠れなくなってしまう、といった事態を招きかねません。

一日の終わり、就寝するときだけは、せっかちさんらしくさっさと寝てしまいましょう。

第4章 マインドフルネスで「気づく」練習——思考編

せっかちを発動させないための行動を試してみたら、次は思考の面からもせっかちに向き合ってみましょう。

せっかちにいたる思考や心理について少し解説した後、心理学の立場から正しい「マインドフルネス」をご紹介します。

経験をマインドフルに観察することによって、自分がせっかちになってしまうタイミングや理由をきちんと把握することができ、せっかちが発動しそうになったときにブレーキを利かせやすくなります。

アクセルよりもブレーキの利きを良くする

人間という生き物を車にたとえると、**アクセルを踏みっぱなしにしたまま、ブレーキで調整しているような状態**です。

そのため、何かにびっくりすると自然にドキドキして心拍数が上がります。

このとき、もしもブレーキを踏み忘れるようなことがあれば、心臓は危険な状態に陥ります。そこで、アクセルを踏んでいる一方で、ブレーキをすぐに利かせられる状態にしてうまく調節しています。

たとえば、カルタの「お手つき」を思い浮かべてみてください。

読み札が読まれ始めると、「これだ!」と取り札にサッと手を伸ばしますね。しかし、正解は別の札だった、という間違いがお手つきです。

お手つきは、先のことを深く考えることなく行動を起こしてしまう「衝動性」の代表で、お手つきが起こるのは人間の心の根本的な仕組みによるものだとされています(※20)。

ここでブレーキの利きが良ければ、お手つきしそうになる手を引っ込めることができます。

一方で、ブレーキの利きが甘ければ、そのままお手つきすることになります。

要するに、せっかちさんが身につけたい基本的なスキルが、**「ちょっと待った!」という「ブレーキの利きを良くする」こと**というわけです。

一歩立ち止まれるかどうかがカギ

では、「ブレーキの利きを良くする」とは、いったいどういうことでしょうか?

たとえば、目の前の友達が一生懸命話をしているにもかかわらず、つい話を遮(さえぎ)ってしまったり、話をかぶせてしまったりするせっかちさんがいます。

人が話している最中に何かを言いたくなる気持ちというのは、せっかちさんではなくても多くの人に湧いてくるものです。

甘党の人が、甘くておいしそうなケーキを見て「食べちゃおうかな」と思うのもよくあることです。

つまり、**人間というのは、誘惑があるほうに引っ張られやすい生き物**ということです。

しかし、人の話を遮らないのは、社会的なマナー・ルールですね。相手の話の途中でつい話したくなっても、だいたいの人は「今はやめておこう」というブレーキを利かせることができます。

ダイエット中においしそうなケーキを見て我慢ができるのも、ブレーキを利かせていることになります。

「話をかぶせたくなる」「甘いケーキを食べたくなる」といった気持ちをなくすこ

とはできなくても、話をかぶせる前のほんの一瞬、甘いケーキに手を出す前のほんの一瞬、**「ちょっと待てよ」と間をおけるかどうか、一歩立ち止まれるかどうか、これがブレーキが利いているということ**です。

ちなみに小さな子どもは、興味のあることが目の前に現れると、周囲の様子に関係なくそこに向かって夢中で駆け出していくようなことがあります。

これは、ブレーキを利かせることがまだ身についていない状態です。

大人は、突然走り出したら危ないこともわかっています。子どもよりもブレーキを利かせられるように成長しているわけです。

せっかちさんは、この「ブレーキの利き」が少し甘いだけ。行動に出る前に一歩立ち止まれるような思考が身につけば、利きが良くなると思います。

「今」に意識を向けるマインドフルネス

とは言え、「ブレーキの利きを良くする」の意味をはっきり捉えることは難しいと思います。

また、その意味がわかったとしても、かんたんにブレーキを利かせられないから、せっかちさんでもあるわけです。そこで、ブレーキの利きを良くするための一つの方法が、マインドフルネスです。

マインドフルネスの科学的・学術的な発展、実践の有効性と安全性を高めることをめざして２０１３年に設立された日本マインドフルネス学会では、マインドフルネスを次のように定義しています。

本学会では、マインドフルネスを、「今、この瞬間の体験に意図的に意識を向け、評価をせずに、とらわれのない状態で、ただ観ること」と定義しています。なお、「観る」とは、見る、聞く、嗅ぐ、味わう、触れる、さらにそれらによって生じる心の働きをも観る、という意味となります（※21）。

もう少しわかりやすく説明するために、ポテトチップスを例にとってみます。

ポテトチップスが大好きだという人は多いと思います。袋を開けた途端にあっという間にバリバリと1袋食べきってしまうという人も少なくないのではないでしょうか？　2、3枚まとめて手に取って口の中に放り込んでしまう人もいるでしょう。いつでも手軽に食べられて、おいしさも確約されているせいか、ゆっくり味わうことはあまりない、それがポテトチップスなのかもしれません。

マインドフルネスとは、このポテトチップスを1枚1枚ゆっくり食べて、**どんな味がするのか、どんな食感なのか、噛むとどんな音がしているのか、噛んだものは口の中でどんなふうに広がっているのか**、そういったことをじっくり観察してみる、といった感じのことです。

そんなふうにしてポテトチップスを食べてみると、今まで気づかなかった発見があるかもしれません。

つまり、**その「瞬間」や「今」に意識を向けること**がマインドフルネスです。

マインドフルに感じてみる「マインドフルネス瞑想」

マインドフルな状態を感じるために、まずはマインドフルネス瞑想(めいそう)を始めてみましょう。

ちなみに、マインドフルネス瞑想をすることにより、寿命に関連する遺伝子「テロメア」（P20参照）を長くするという研究知見もあり、**せっかちで傷ついた体を癒す効果もある**のではないかと考えられます（※22）。

マインドフルネス瞑想は、せっかちを落ち着かせるだけでなく、体の健康を良好にし、ひいては寿命まで延ばすかもしれません。

では、次から紹介する「マインドフルネス瞑想」の方法にひと通り目を通した後、ゆっくり目を閉じて試してみてください。

【マインドフルネス瞑想】

1．椅子に座りましょう。

力を入れ過ぎず、しかし脱力し過ぎず、心地よく座れるちょうどいい姿勢を見つけます。

靴は履いていても履いていなくても構いません。両方の足裏は床につけます。

2．状態はそのままで、自分の呼吸に意識を向けてみましょう。

私たちの体は、起きている間も寝ている間も、空気の出し入れをつねに行なっています。自分の体に空気が自然に入ったり出たりする感じを見つめてみましょう。

特別な呼吸をする必要はありません。自然な呼吸、あるいは深呼吸や腹式呼吸でもいいので空気の出入りを感じてみましょう。

3．呼吸とともに動くお腹や肩、胸などの様子も含めて、呼吸を見つめる時間を続けてみましょう。

「呼吸」の感じがよくわからないなと思う場合もあるかもしれませんが、その「よくわからない」といったことも含めて、呼吸を見つめます。

4．呼吸を見つめているうちに、ふと気がつくと、呼吸とはまったく関係がないことを考えているかもしれません。

そんなときは、「あ、今意識がそれたな」と気づいて、再び呼吸に意識を戻しましょう。

5.「吸って吐いて」を1セットとして、10まで数えてみましょう。10まで数えたら1に戻ります。どこまで数えたかわからなくなったら、また1に戻って呼吸を続けましょう。

6. ゆっくり目を開けて、体を動かしましょう。急に立ち上がるとふらつくことがあります。座ったまま、伸びをしたり、手をグーパーしたり、自分の好きな方法でシャキッとできるような動きをしてみましょう。

何分続けるのか、数を何回数えるのか、などの決まり事はありません。まずは5分程度でもいいので、とりあえずやってみるといいでしょう。

ある程度の時間試してみたら、マインドフルネス瞑想をゆっくり終了します。

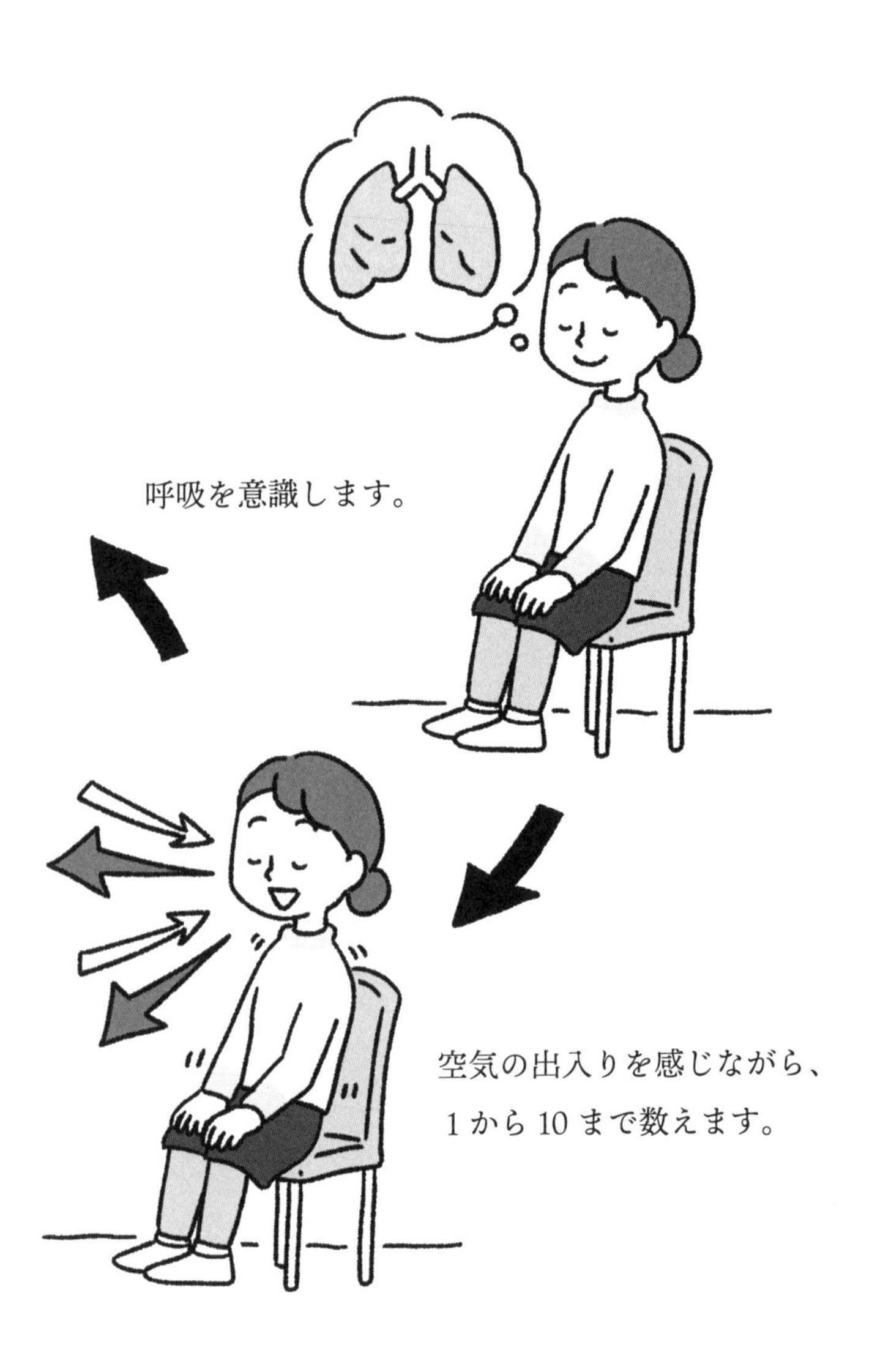
呼吸を意識します。
空気の出入りを感じながら、
1から10まで数えます。

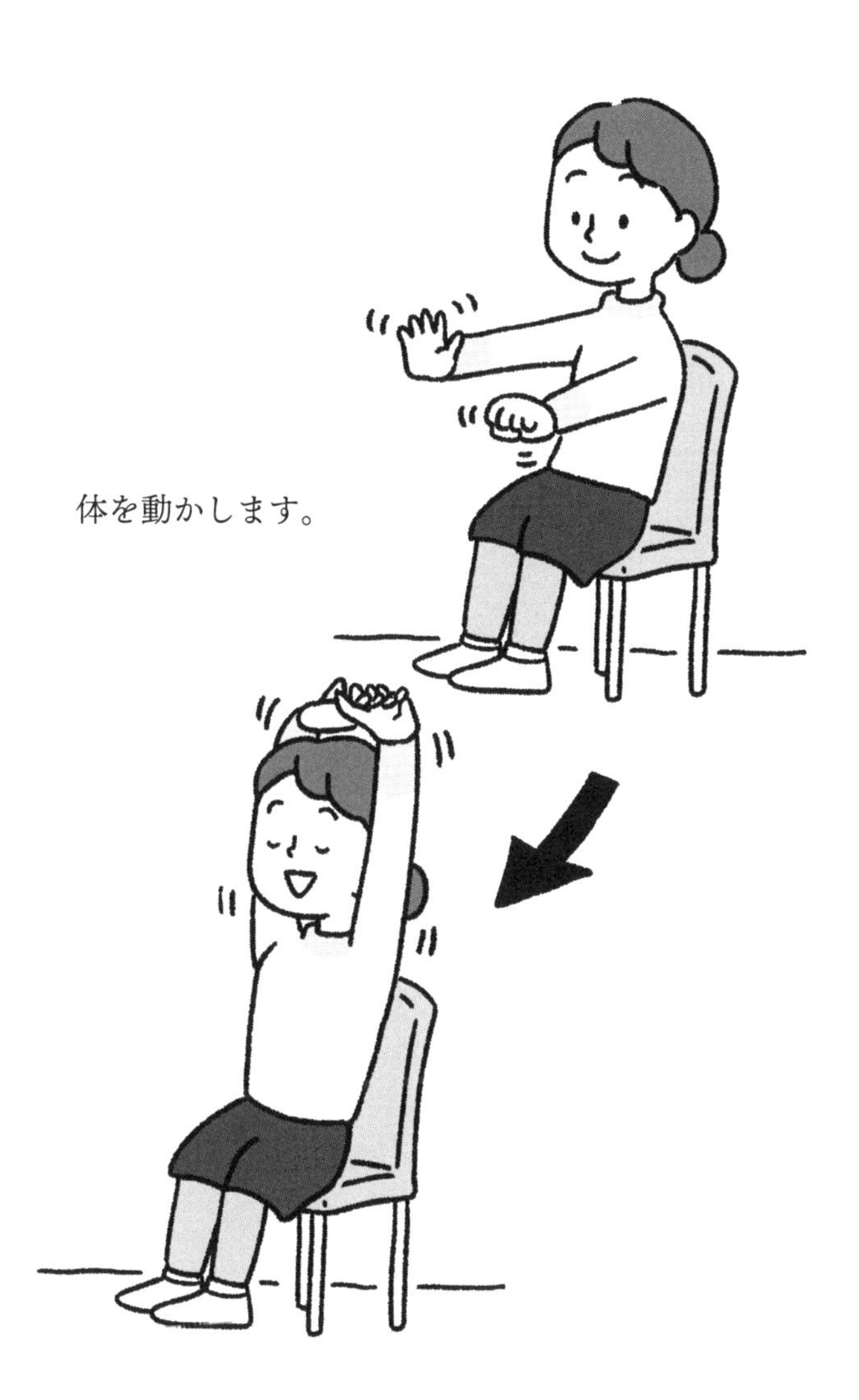

体を動かします。

また、マインドフルネス瞑想は、体調が悪い、気分が落ち込んでいる、疲れているといったときではなく、**体調の良い元気なタイミングで始める**ことをおすすめします。

人間本来の性質にまずは気づいてみる

マインドフルネス瞑想は、ある意味、自分を対象に一人で心理学の実験をしているようなものです。

マインドフルネス瞑想をやってみて、どんな感想や体感を得られましたか？
数を10まで数えるとき、いくつまで数えていたかわからなくなったり、気がつくと11、12、13と、10以上数えたりしていませんでしたか？　あるいは、まったく関係のないことを思い出して意識が呼吸からそれていませんでしたか？「呼吸にだけ意識を向けることができた」という人はほとんどいなかったと思います。

「呼吸だけを見つめてください」と言われても、そしてそれが短時間であったとしても、意識はだいたいそれてしまうものです。

10までの数を数えてもらったのは、そのことを明確にするためでもあり、**長い間、一点に留まれない、すぐ動いてしまう、ずっとは続かない、というのが人間の集中力の性質**と言えます。

こういった人間の性質についても、今まで考えたことはなかったのではないでしょうか？　その注意や意識がすぐにさまよってしまうことに気づけるのがマインドフルネス瞑想です。

考えと行動の間に「隙間」を作る

感情が行動にパッとつながる「切迫性」が現れるのは、せっかちさんの性質ですし、せっかちさんではなくても、いつの間にかネガティブな考えや感情が思い浮かぶのは仕方のないことです。

しかし、マインドフルネス瞑想では、「意識がそれた」と気づいた後、再び呼吸に意識を向けることができます。

そのため、マインドフルネス瞑想の練習をすることで、**ふと湧き起こった感情にそのまま引きずられにくくなったり、衝動的な行動を抑えやすくなったりします。**

これこそが、せっかちさんの「ブレーキの利きを良くする」ポイントになるというわけです。

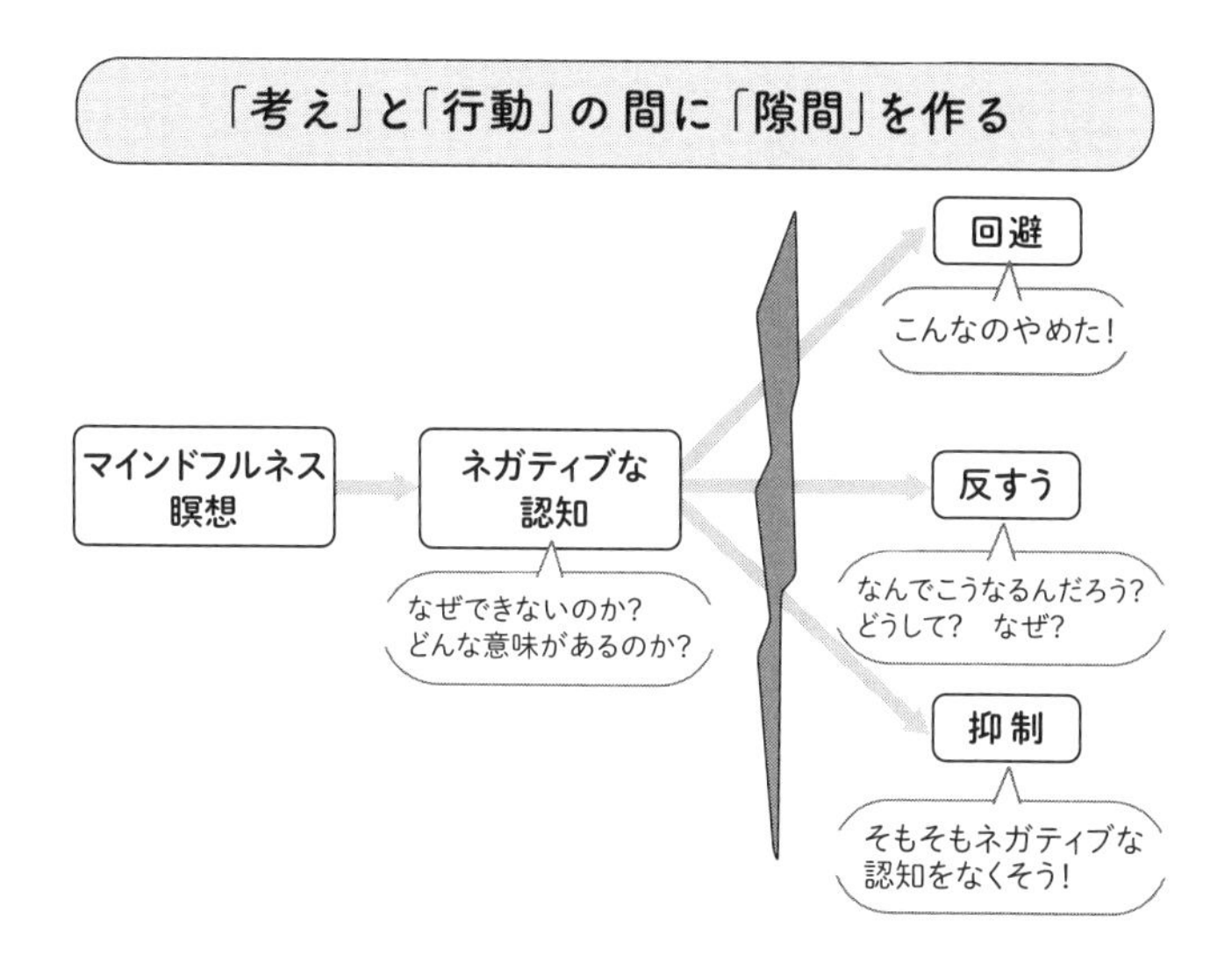

言い換えると、**今までついやってしまっていた行動の手前に「隙間」をもたせて行動に直結しにくくする**ということです。

頭の中で何が起きているのか見えやすくなり、感情にズルズル引きずられることなく、「ここで引き返そうと思えば引き返せるんだ」という意識を持てるようになります。

たとえネガティブな気持ちが湧き起こってきても、なんとなく流せるようにもなるでしょう。

「この『考え』とこの『行動』の間に、少し『隙間』をあければいいんだな」

と気づくことができるようになれば、ずいぶん落ち着いた生活や行動ができるようになります。

マインドフルネス瞑想は、せっかちやネガティブな気持ちをなくすのではなく、「今、こっちに気が向いたな」「退屈だな」などと**「気づく」ことができるようになるための方法**です。

気づくことができれば、ブレーキも利きやすくなるというわけです。

繰り返しになりますが、マインドフルネス瞑想は「気づく」手掛かりとなります。マインドフルネスの練習をしていくことで、せっかちになることやネガティブなことに煩(わずら)わされる度合いは減っていくと思います。

マインドフルネスは瞑想だけがすべてではない

マインドフルな状態を観察するために、目を閉じて呼吸を見つめる方法はおすすめです。

しかし、**瞑想とは心を静めることであり、大切なのは「観察」の練習をすること**なので、方法はほかにもいろいろあります。

先ほど紹介した方法とは別のマインドフルネス瞑想もいくつかご紹介します。興味があれば試してみてください。

【レーズンエクササイズ】

1. レーズン1粒を手のひらにのせる。
2. 手のひらにのっているレーズンの色や大きさ、におい、あるいは手のひらにのっている感覚などを観察する。
3. レーズンを手に取って、ゆっくり口に運んでいく。
4. レーズンが唇に触れた瞬間の状態を観察する。
5. レーズンを口の中に入れ、味や食感などを観察する。
6. ゆっくり噛んで、レーズンがどんなふうに変化するかを観察する。
7. ゆっくり飲み込んで、のどを通る感じを観察する。

レーズンエクササイズは、お茶でもポテトチップスでも、何を用いてもできますが、心理学ではレーズンを使うことがメジャーです。

格別においしいわけでもなく、強い甘さや辛さもなく、色も派手ではなく、大きさ過ぎず小さ過ぎずといったことがその理由でしょう。これといった**特徴がないもの**

をじっくり味わってみることで、「気づき」を得るというわけです。

【ゆっくりウォーキング】

1. まっすぐ立つ。
2. ウォーキングの動きを可能な限りゆっくりしてスタートする。
3. 右足をゆっくり上げながら、その動きや体重移動に意識を集中する。
4. 足裏をかかとからつま先までゆっくりした速度で地面につけていく。地面につく足の感じを観察する。
5. 左足も同様に動かして観察する。

これは「歩く」という行動に意識を向けてみる方法です。できる限りゆっくりとしたスピードで足を動かして、その様子を観察します。

通常、歩いているときのように、右足を出して、かかとから地面につけて、左足を出して、手は足と逆のほうを前に出して……、などと意識することはありません。

その**意識しない動作をじっくり観察して、手足の感覚を確かめてみる**こともマインドフルネス瞑想です。

ちなみに、公園や公道など公共の場でやると、「なんだか変な人がいるな」と思われてしまいそうなので、人があまりいない場所や家で取り組んでみることをおすすめします。

【ボディスキャン】

1. 椅子に座って、両方の足裏を床につける。
2. 右の足裏やつま先、左の足裏やつま先の感じに意識を向ける。
3. 足首や膝のあたりはどんな感じかを観察する。
4. 肌と洋服が触れている部分を感じてみる。

ボディスキャンとは、体のあちこちに意識を向けて、それぞれどんな感じかを観察してみることです。**「何も感じない」というのも一つの感じ方**です。

せっかちさんはバイアスに操られやすい

「認知バイアス」という言葉があります。人が物事を判断するときに、自分のこれまでの経験や思い込み、固定観念などにしたがって合理的ではない判断をしてしまうことです。

認知バイアスにはいろいろな種類があり、たとえば「自分の考えに合った証拠ばかりを集めて、自分の考えを正当化する」、あるいは「少ない証拠から一気に結論に飛びつく」などです。

たとえば、次のような例が、少ない証拠から結論に飛びつく「ジャンピング・トゥー・コンクルージョン」という認知バイアスです(※23)。

自分の家の最寄り駅近くには、スーパーが数軒あります。いつもは駅から一番近いスーパーで買い物をしています。ある日、ミニトマトがたくさん入ったパックがお手頃な価格で販売されていました。安さに釣られて、そのミニトマトを買って帰りました。ところが、家に着いてパックを開けてみると、底のほうのトマトにカビが生えていました。「さっき買ったばかりのトマトにカビが生えているなんて信じられない！　あのスーパーは品質が悪い！　二度とあそこで買い物はしない！」と、それ以来、別のスーパーで買い物をするようになりました。

このように、買ったばかりの野菜や果物が少し傷んでいた、という経験をしたことがある人は多いでしょう。しかし、「ああ、ちょっと損したな」「まあ、生ものだしこんなこともあるか」とあきらめるか、あるいはスーパーに事情を説明して品物を取り換えてもらう、といった程度の行動でおさめるのが無難かもしれません。

例の場合は、ミニトマトのパックの中のたった一個のトマトにカビが生えていただけで、まるでスーパー全部の品物が悪いかのような結論に達しています。

とても極端な例のように感じるかもしれませんが、せっかちさんが何かを誤解したり、失敗したりといったときは、気がつかないうちにこういったさまざまな認知バイアスに操られていると考えていいでしょう。

わからないことはわからないままでいい

この認知バイアスは「陰謀論にハマりやすい」というせっかちさんの特徴（p21参照）にもつながります。

何か問題が起こったとき、「どうしよう、どうしよう」と焦って、解決策めいたことを聞いたり思いついたりすると、それが正しいか正しくないかを判断する前に行動に移してしまいます。たとえそれが「陰謀論」だったとしても信じてしまう可能性が高くなります。

せっかちさんは、まだわからない、確定ではないことにもかかわらず、結論に飛びついてしまう、**わからないことをわからないままにしておけない**のです。

161ページの図でも説明したとおり、マインドフルネスでは、結論が出ていないネガティブな認知と、その後に衝動的に起きてしまう「思考」や「行動」との間に少し「隙間」を作ることができます。これがブレーキの利きを良くすることにつながります。

つまり、マインドフルネスでブレーキの利きを良くすることができるということは、自分が気づかない認知バイアスに行動や意識が動かされ過ぎたり、判断を早まったりすることも防げるという仮説を立てることができます。

ただし、残念ながら「マインドフルネスでジャンピング・トゥー・コンクルージョン（少ない証拠から結論に飛びつくこと）が減った」という直接の知見はまだありません。

本書こそ、結論には飛びつかない模範を示しておきたいところですので、あくまでも「仮説」、マインドフルネスの効果としてはこのあたりで留めておきましょう。

いずれにせよ、マインドフルネスの練習では、**わからないことはわからない状態にしておけること**も大切です。

わからないことをわからない状態にしておくこと自体が、マインドフルネスとも似ているように思います。

人生は「すること」と「あること」でできている

マインドフルネスを練習することで、「することモード」「あることモード」の違いもよくわかるようになります。

「することモード」とは、今ある現実とは違う状態に持っていこうとすることです。

「あることモード」とは、今あること、今やっていることを感じることです。

たとえば「食べる」ことを例にとってみましょう。

本書でも何度も登場している「ゆっくり味わうこと」ですが、これは「あることモード」です。

今ある目の前の食事に意識を向けている状態になります。

一方で「することモード」のほうが強い場合、「さっさと食事を終わらせて、あれをしなくちゃ、これをしなくちゃ」と考えながら食事をすることになります。

目の前の食事を楽しむのではなく、先のことばかり考えている状態です。

「することモード」が強いと、マインドフルネス瞑想をしているときにも「今日の夕飯、何にしよう」「あの仕事、まだ片づいてなかったな」「この瞑想、なんだか面倒くさくなってきた」など、呼吸とは違うことに意識が向きやすくなってしまいます。

「今」の連続で生きている感覚を持つ

そもそも私たち人間が生きている時間は、その瞬間、瞬間です。**「今」の連続を生きています**。

それにもかかわらず、「することモード」は、今を早く終わらせて、早く先に行かなくちゃ、と焦っているような状態です。

食事を済ませる、支度を済ませる、お風呂を済ませる……と、なんでも「済ませる、済ませる、済ませる」になると、「今」が将来のための「待ち時間」のようになり、今の自分が本当の自分ではないような感覚になってしまいます。

将来の目的や人生の先にばかり意識を向けていても、人生の最後は「死」です。「することモード」ばかりで、「今」を感じることができなければ、死ぬ直前になって、「いったいなんのために生きてきたんだろう」とまで思ってしまうかもしれません。

大事なことは「今」という瞬間です。このことに、死ぬ直前ではなく、早めに気づいてほしいものです。

とは言っても、「あることモード」が良くて、「することモード」が悪いというわけではありません。

人生では仕事や勉強で目標を持ったり、休日の旅行を楽しみにしたりと、先を見据えて生活することは多々あります。それらは「することモード」であり、当然、必要なモードです。

むしろ、毎日の生活では「することモード」のほうが多いかもしれません。

それでも、そういった生活のなかに「あることモード」という時間を少しでも作ってみると、**人生の捉え方が変わってくる**と思います。そうすることによって、**今よりも少し幸福を感じる時間が増える**かもしれません。

マインドフルネスの練習をすることで、「あることモード」の時間を増やすことができるようになります。

待てないせっかちさんほど太りやすい

マインドフルネスで、「わからないことをわからないままにしておける」「することとモードとあることとモードに気づける」ようになるとはいえ、効果の説明としては曖昧(あいまい)に感じるかもしれません。そこで、どのような効果が得られるのか、具体例をいくつかご紹介していきます。

まず、肥満の予防です。

そもそも、太っている人というのはなんだかのんびりしているようで、せっかちなイメージはあまりないかもしれません。

しかし、肥満に関する研究によると、「『今すぐなら1000円もらえます。待てば1100円もらえます』と言われたときに、**待てない人ほど肥満に該当する度合いが高い**ことがわかった」とあります（※24）。

食べたいという衝動を抑えられない、ゆっくり味わって食事ができないといった性質が肥満につながっている可能性があると言えます。

そのため、マインドフルネスのレーズンエクササイズのように、ゆっくり食べてみることで、「今すぐに食べたい」という気持ちを少ずつ抑えられるようにしていきましょう。結果的に太り過ぎを防ぐことができ、ダイエットの成功にもつながると思います。

依存したい気持ちがスッとなくなる方法

次に、スマートフォンへの依存軽減です。

スマホをどうしても手放せない人は少なくないでしょう。手放せない理由は、「退屈しやすい」「退屈が苦手」「衝動や不安を抑えられない」といったせっかちさんの性質と関係します。

何かしていないと落ち着かない、手放している間に連絡が来たらどうしようといった感情が起きた瞬間に、スマホに手が伸びてしまう——。

マインドフルネスという心の持ちようがあれば、退屈や不安な感じがなくなるというわけではありませんが、こうした感情が起きた一瞬の隙間に、「今は食事中だから、スマホを見るのはやめておこう」などという気づきを得ることができます。

さらに、お酒やたばこなども同様です。

たとえば、「お酒は適度に楽しみましょう」とよく言われますが、それができないのがせっかちさんです。

嫌なことがあるとすぐにお酒に手を出して飲み過ぎてしまうというのは、ネガティブな感情に引っ張られ過ぎてしまっているのかもしれません。その結果、「やけ酒」になり、体にもとても悪影響を及ぼします。

マインドフルネスにより、「ムカつくことがあった！　お酒を飲みたい！」という感情がなくなるわけではありません。

しかし、「飲まずにはやっていられない！　忘れるまで飲んでやる！」と思う少し前に隙間を作ることができ、「やけ酒」まですることなく、適度な飲酒に留められるようになると思います。

要するに、「食べたい」「手に持っていたい」「飲みたい」「吸いたい」などの気持ちをなくすのではなく、また我慢するというわけでもなく、**一歩踏みとどまって気持ちにしたがうのを「今は少しやめておこう」と思えるようになります**。これが、マインドフルネスの効果と言えます。

人の心の動きはとても早く、欲求はうつろいやすいものです。

だからこそ、何かネガティブな感情が湧いてきたときにも、すぐに次の行動に移すのではなく、ほんの少しの隙間を作ってみれば、その気持ちも少しずつ落ち着いていきます。

マインドフルネスをスキルとして磨いておくことで、**衝動や不安にかられそうな一瞬に、ひと呼吸おいて行動したり考えたりできるようになる**ということです。

お手つきを減らす
マルチタスクトレーニング

最後に、マインドフルネス瞑想とは少し違いますが、複数の作業を同時に進行させるマルチタスクというスキルを磨けば、ブレーキの利きを良くすることにつながるという話をします。

さまざまな作業をするにあたって、必要な情報を一時的に脳に保管・記憶する「ワーキングメモリ」と呼ばれる脳の働きがありますが、この働きが弱い人はお手つきをしやすいという研究があります（※25）。

ここに、ネガティブな感情が起きたときにパッと行動に出てしまう切迫性が加わると、さらにお手つきが増えることもわかっています。

つまり、このワーキングメモリのはたらきを良くすれば、お手つきをしにくくなり、せっかちな気持ちを落ち着かせることができると言えます。

そこで、マルチタスクです。そもそも、人間の注意力はすぐに別のところに散りがちです。「気が散ったことに気づく」ことができるようになるのがマインドフルネス瞑想ですが、複数の作業を同時進行させるマルチタスクも、そのいくつかの作業に対して注意を振り分ける必要があり、あちこちに気づきながら、そして必要に応じてブレーキをかけながら作業をすることになります。

一つのことにじっくり取り組んでほしいせっかちさんにとって、複数のことを同時に進めるマルチタスクがいいか悪いかは微妙（びみょう）なところではあります。

しかし、「注意を振り分ける」「気づく」といった点においては、頑張ってマルチタスクを練習してみることで、ブレーキの利きを良くしてせっかちを少し落ち着かせる手助けにはなりそうです。

第5章 ちょっと「間」が取れればうまくいく――人間関係編

マイペースな人と仕事や行動をともにしているとイライラする、というせっかちさんは少なくないでしょう。

「なんとなく人間関係がうまくいかないことが多いような気がする」といった場合も、もしかしたらせっかちの素質が悪さをしているのかもしれません。

職場や家庭、友人など人間関係の面でいつも少しズレを感じているなら、考え方や行動、思考にちょっと工夫を加えてみると、今までストレスに感じていたことが軽減されることでしょう。

せっかちさんに起こりやすい「カエル化現象」

せっかちさんの性質が、人間関係におけるデメリットとして最もわかりやすく表れるのが「恋愛面」と言えそうです。

具体的にまず挙げられるのが、**すぐに浮気してしまう、パートナーをとっかえひっかえしてしまう**、などです。

たとえば、おつき合いを始めたばかりにもかかわらず、相手の悪い面が少し見えると、「この人、嫌だ！」「この人とつき合っていても、先がない！」とすぐに思い込んでしまいます。

その結果、新しい人に気が向いたり、別の人と浮気をしたりします。いわゆる「カエル化現象」と呼ばれるものです。

こういったせっかちさんは、一人の人と長くじっくり関係を築いていくことができません。

ネガティブな感情が湧いてくると、その感情をそのままにしておけず、パッと次の行動に出てしまいます。

そこで、相手の嫌な面が気になったとしても、すぐに「嫌！」と思わずにちょっと「間」を置いてみることを心掛けてみましょう。

あるいは、ときに距離をとりながら、「この人とじっくりつき合ってみよう」と考えてみてください。

焦らずに、こういった気持ちと行動が少しずつ身につけば、恋愛面に限らず、せっかちさんの人間関係も和んでいくと考えられます。

男運がないのはせっかちなせい？

もう一つ、せっかちさんの恋愛面について特徴を挙げると、**悪い相手にひっかかりやすい**というものがあります。

パートナーにフラれ、とても悲しくてつらい気持ちをなかなか乗り越えられず、そのネガティブな気持ちから逃れるために目の前に現れた人に飛びついてしまいがちです。

そのため、仮にその人と相性が合わなかったとしても、その点についてじっくり考慮せず、すぐにおつき合いを始めてしまうといった行動をとってしまいます。

逆に、別れを持ち出されているにもかかわらず、「一人になりたくない」「パートナーがいない期間を我慢できない」といった気持ちをやはり抑えることができず、嫌がるその相手にいつまでもしがみつく、といったこともあるようです。

いずれにせよ、ロマンティックな関係というものは二人でじっくり作りあげていくものです。

たとえ大好きな相手であっても、**相手の気持ちを100%理解することはできない、相手の気持ちはわからないということを前提におつき合いしていく**ことが大切です。

では、次のページから、「せっかちな自分」や「せっかちなあの人」との人間関係を少しでも落ち着かせる方法をご紹介していきます。

ときには、第４章で紹介したマインドフルネス瞑想も行ないながら、せっかちと向き合ってみてくださいね。

つき合える人間関係には上限がある

人間関係ですごく疲れているせっかちさんがいます。スマホにメッセージが届くと、「なるべく早く返信しなくちゃ」と焦ってしまいます。なかなか未読・既読スルーができないせっかちさんも多いでしょう。

ＳＮＳでも、多くの人をフォローしたりフォローされたりして、投稿されたコメントに反応してあげることに一生懸命な人もいると思います。

そんな生活をしていると、毎日、いったい何人とかかわりを持つことになるのでしょうか？

もしかすると、仕事、家族、友達、趣味、ＳＮＳ……、全部ひっくるめると何百人もいるかもしれません。

しかし、そもそも一人の人間が脳で処理できる人数、つまり**きちんと把握できる人数は、約150人**と言われています。

太古の人類がサバンナに暮らしていた頃の遺跡を研究すると、一つの集落で暮らす人々の数は、つねに150人くらいだったそうです。

おそらく人間の能力的に、その程度の数が限界ということでしょう。

そして、どんなに人類が進化しても、処理できる人数が格段に増えるということはあまり考えられません。

もちろん、SNSでフォローしたりフォローされたりしている人数、携帯電話に登録している人数が何百人もいるのは、今の世の中では仕方がないのかもしれません。

それでも、**相手の顔と名前、個性がきちんとわかる人数としては、やはり150人が限度です。**

疲れを感じたら
スケジュールに空白を作る

実際につき合っている人数が150人より多いか少ないかはさておき、毎日毎日、あちこちで飲み会やサークル、オフ会などに参加している場合、もしかしたら身体的に無理をしているかもしれません。

そもそも、友人や知り合いが300人いれば、150人しかいない人の2倍の幸せがあるというわけでもありません。

心理学において、友人づき合いが充実していることは、心の健康に寄与するとされていますが、そこに人数はそれほど関係しません。それよりも、**「支えられてい**

る」「支えている」という感覚を得ることのほうが重要です。

だからこそ、無理してたくさんの人とつき合う必要は一切ありません。

また、「この人に連絡しなくちゃ」「あの人たちと会わなくちゃ」「SNSの投稿をチェックしなくちゃ」などというのは、たくさんの人とのつながりを目的にしてしまっている状況であるとも言えます。

つまり、「することモード」（p171参照）とも言えそうです。

「私、会っている人がやけに多いなあ……」「じつはちょっと疲れているかも……」と気づいたら、SNSでのつながりを広げ過ぎない、スケジュールに空白の日をあえて作ってみるといったことをしてみませんか？　そうすることで、今を大切にする「あることモード」に気づくことができるでしょう。

できないことはいさぎよくあきらめる

「今週中にこの仕事する余裕ある？」

「今日、飲み会があるみたいなんだけど、もし暇だったら来ない？」

「今週末、予定がなければゴルフコースを回らないかってお客さんに誘われたんだけど、どうする？」

こんなふうに声をかけられると、断れないのがせっかちさんです。

せっかちさんは、やらなくてはならない仕事が増えるとテンパって、結局仕事を先延ばしにしてしまうことがあります。

また、「自分は重要な仕事を任されているんだ！」「自分は仕事ができるんだ！」と勘違いしがちな一面もあります。

そんなせっかちさんだからこそ、「飲み会には行かなくちゃ！」「断ったら悪いんじゃないかな」などと気持ちが追い立てられると、無理をしてでも飲み会に参加するという行動に直結してしまいます。

人間関係に疲れていたり、体に不調をきたしていたら、やはりキャパシティを超えている可能性があります。

相手は、「余裕ある？」「暇なら来ない？」「予定がないなら来ない？」と聞いているわけで、「どうしてもあなたにこの仕事をやってもらわないと困る」「飲み会に来ないとダメ！」「一緒にゴルフに行かないとお客さんに失礼だ！」などとは思っていないと推測ができます。この場合、断ったからといって、今後の関係に支障をきたすケースは少ないでしょう。

「私がやらなくちゃ！」「断っちゃまずい！」などとすぐに行動に移さないで、**ほんの一瞬、「どうしようかな」と「間」を置いてみます**。そうすると、せっかちモードが発動する前に、無理のないおつき合いが可能になると思います。

相手がマイペースではなく
自分がせっかちなだけ

仕事をしていると、さまざまな性格の人とつき合っていかなければなりません。

「自分はどんどん仕事を片づけたいにもかかわらず、チームにのんびりやっている人がいる」「後輩に仕事をたくさん覚えてほしいのに、マイペースでなかなか先に進まない」などという状況は、せっかちさんにとってはイライラする典型的な場面でしょう。

しかし、これは相手が「マイペース」というよりも、**たまたまその相手が「せっかちを誘発する刺激」というだけ**かもしれません。

たとえば、後輩たちと企画案のブレスト（ブレインストーミング）をしているとしましょう。せっかちさんは、思いついたアイデアを次から次に発言します。

一方で、ある後輩はどこか一点を見つめてなかなかアイデアを出しません。やっと出てきたアイデアもぼんやりしていて、せっかちさんからするといまひとつです。

そんなとき、せっかちさんはだんだんイライラしてきて、「ちゃんと考えてる？」「もっといいアイデア出ないの？」などと、ちょっとその場をピリつかせる発言をしてしまうかもしれません。

しかし、そもそも柔軟にアイデアを出し合うブレストの場では、相手を批判したり、その場をピリつかせたりしてはいけません。せっかちさんの一言によって、もはやブレストではなくなってしまっています。

こういった場面に遭遇しがちなせっかちさんへのアドバイスとしては、まず、**「自分はイラっとしたときに、言動や行動に出やすいんだ」**ということを意識しておくことです。

イラっとしたときには間違いを起こしやすくなります。そのため、本来**イライラしているときには、人とかかわらない**ことがおすすめです。

先ほどのブレストの場面であれば、いったん休憩を入れるなどして仕切り直すこともいいかもしれません。

人の気持ちは、自分が想像しているのとはまったく別のものということもよくあります。一瞬の行動や外見などに対して、あまりガミガミ言わないようにすることが大切です。

リモートワークはせっかちを直すのに好都合

リモートワークが定着して、職場や仕事関係の人とあまりリアルで対面しなくなったという人も少なくないでしょう。会議や打ち合わせ、セミナーなども、オンラインで十分に開催することができるようになりました。

　その一方で、対面したほうが気持ちが伝わりやすくコミュニケーションがとりやすいという意見もあり、そういった意味ではオンラインは「不便」な道具とも言えます。

　たしかにオンラインでは、相手の肌感や感情、曖昧な表現を感じにくいという側面があります。また、数人が同時に意見を言い合うと誰が何を話しているのかわからず、収拾がつかなくなります。そのため、結果にたどり着くまでのスピードも遅くなるかもしれません。

　しかし、対面のメリットにかなわない、少し「不便」な部分がせっかちさんには有効と言えそうです。

　オンラインの打ち合わせでは、音声がかぶらないよう、自分が発言するときは相手が話し終わるまである程度待つ必要があります。

　打ち合わせ時間もあらかじめ決まっているので、一人が延々と話し続けることも避けなければなりません。

つまり、せっかちさんに足りない**「ちょっと待つ」ことが、自然に、あるいは強制的に必要になる**ということです。

あえて不便な道具で「ラグ」を生み出す

これはオンライン会議に限ったことではありません。既読がつくメッセージアプリや「いいね」がつくことで誰が見てくれたかがすぐにわかるSNSなどに比べると、相手が読んだかどうかわからないメールやすぐには出てもらえないこともある電話などは、今となっては少し不便な道具と言えます。

そこで、誰かにメッセージを伝えたいとき、**あえてメールや電話を使ってみる**というのもいいかもしれません。

せっかちさんは、相手からすぐに返事が来なかったとき、もしかしたら相手がのろのろしているのではないかと、相手のせいにするかもしれません。しかし、読んだかどうか、着信に気づいたかどうかわからないわけですから、その**「ラグ」を道具のせいにしてしまえばいい**のです。

世の中、どんどん便利なアイテムが登場していますが、相手にたくさんの情報が伝わったほうがいいとは限りません。ツールやチャネルが多いほうがいいとも限りません。

スピード感や相手の感情が気になるのがせっかちさんです。自然にタイムラグができ、自分の感情も自然に冷却できるような、ちょっと不便な道具に頼ってみることもおすすめです。

人の話をよく聴くことだけが「傾聴」ではない

「傾聴」という言葉があります。傾聴とは、単純に人の話に耳を傾けるというだけでなく、**その人の話をありのままにマインドフルに聞くこと**を言います。

たとえば、人の話にかぶせたくなるせっかちさんが、自分のせっかちに気づいて、人の話が終わるまできちんと聞くという心掛けができたとします。

しかし、その話のなかで、「う〜ん、ちょっとニュアンスが違うところがあるなあ……」と否定したい気持ちが湧いてくることもあるでしょう。そのとき、「その話、違う！」と、**自分に湧いてきた否定的な気持ちにすぐにしたがってしまわないこと**、こういった点も含めて「傾聴」です。

また、「なるほど！　この人はこういうことを言っているんだな。わかったぞ！」というのも傾聴とは言えません。

人の話を聞いて、「100%、完全にわかった」ということなどあり得ないからです。人の考えていることなんて、どんなに話を聞いても寸分違わず理解することなどできません。

話に共感はしても、**いつまで経っても「わからない」部分があるということを自覚しておく**ことも大切です。

わかろうとしてわかっても、その時点でせっかちさんの特徴でもある思い込みや決めつけを発動させていることにもなるので注意しておきましょう。

ただし、傾聴とはとても難しい作業です。カウンセラーが長年かけてトレーニングするものであり、それでも「ちょっと傾聴できるようになったかな」という程度のケースがほとんどです。

相手の話をわかろうとはしていても、完全にわかるというゴールには決して到達できないと思って、本当の意味での傾聴を試みてみましょう。

そうすることで、せっかちさんがなかなかそのままにしておけない不確実性や曖昧さへの耐性を上げていくことにつながると思います。

せっかちさんがせっかちなときはいさぎよく距離を置く

それでは、自分はせっかちなタイプではないけれど、友達や仕事仲間にせっかちさんがいる場合は、どう対処すればいいのでしょうか？

なんだか相手がイライラしている……。そんなときは、**かかわらないのが得策**です。

そもそもせっかちはなかなか直りづらい性質と言えます。そこで、相手が自分に対してイライラしていると感じた場合は、**「何もしないこと」**が賢明です。

可能であれば「かかわらないこと」です。せっかちさんは反応がない相手を待っていられないため、そのうちどこかに行ってしまうことがよくあります。

とは言っても、もっとひどいせっかちさんの場合はどうすればいいのでしょうか？

たとえば、職場の上司がかなりのせっかちで攻撃的、逃げるに逃げられない、仕事が早く進まないことをいつもあなたのせいにしてくるようなケースです。

そのままつき合っていると、攻撃はどんどんエスカレートしていくかもしれません。こういったひどいせっかちさんの場合は、**関係の改善は不可能で「被害」に遭っているとみたほうがいい**でしょう。いわゆるハラスメントです。

おそらく第三者には、ひどいせっかちさんとあなたの関係は完全に空回りしているように見えていると思います。**一対一で対応することを避け、第三者がいる場でかかわるようにしたほうがいい**でしょう。

ちなみに、マイペースな人は人の目をそれほど気にしませんが、せっかちさんは人の目を気にするタイプが少なくありません。そういった意味でも、第三者の目に触れるようにつき合うことは有効だと思います。

人のせっかちは見ているとうつりやすい

私たち人間は、いろいろなことに影響されやすいものです。テレビやインターネット、ＳＮＳなどのなかには、はっきりしていない情報であっても、まるで決まっているかのような伝え方をしていることがよくあります。

とくにＳＮＳは限られた文字数で情報を発信するため、よりその傾向は強いかもしれません。

たとえば、陰謀論者や偏向的な思考を持っている人が独特な情報を発信していたとしますそういった場合、「ああ、またこの人、変なこと言ってるなあ」と意見そのものに同意しなければ、「自分はせっかちじゃないな」と思うかもしれません。しかし、その人たちの「決めつけ」のスタイルに影響される可能性は十分にあります。

何かを知りたいと思ったとき、そのことに関して誰も何も発信していなければ、自分自身で情報を集める必要があります。

しかし、いろいろな人がいろいろなツールでざっくばらんに情報を流していると、「まあ、自分で情報を集める必要はないや」となってしまいかねません。

たくさんの情報が正しいか間違っているかを判断せずに、巷（ちまた）の情報任せにしてしまうのは、せっかちさんの性質の一つである「結論に飛びつく」というスタイルが伝染していることになります。

とくに**せっかちさんの素質がある人は、別のせっかちさんのスタイルに影響されやすくなります。**テレビやインターネットなどでさまざまな情報を漫然（まんぜん）と見続けるのは、ほどほどにしたほうがいいかもしれません。

じつは相性が悪いせっかちさん同士

せっかちさんとせっかちさんのつき合いの場合、お互いに性質が似ているのでわかり合えるような気がしますが、じつはそうでもありません。

せっかちさんとマイペースさんであれば、せっかちさんが勝手にわーっと言っているだけなので、マイペースさんが相手にしなければ大きなトラブルに発展することは少ないでしょう。

ところが、せっかちさんとせっかちさんとなると、お互いにイライラしてケンカになってしまいがちということが容易に想像できますね。

相手も同じせっかちなら、自分のせっかちを理解してくれるだろうと、「こういうふうにやったほうが効率的だと思うので、私のやり方でやりましょう」と提案したとします。しかし、**相手には相手のせっかちのタイプがある**ので、「それなら私も提案させてもらいますが……」と、お互いそれぞれのせっかちをぶつけ合う形になってしまいます。

そのため、残念ながら**せっかちさんとせっかちさんがわかり合うことはそうそうありません。**

人づき合いはゲーム感覚でクリアしていく

また、相手がせっかちさんかどうかはさておいても、どうしても自分と合わないという相手もいるでしょう。

この場合は、「距離を置く」「かかわらない」ほうがいいのですが、ここでは上級編のスキルをご紹介します。

それが、**ゲーム感覚で対処する**ことです。

ゲームの最後に登場するラスボスはかなりの強敵ですよね。合わない相手が現れたとき、何をするというのではなく、「手強い敵が現れた！」「これはひっかけ問題だな」「難易度の高い問題だぞ」と、まるでラスボスが登場したような感覚で考えてみます。

この方法は、どうしても合わない相手とも、最低限なんとかうまくやってみようと思えたときでいいと思います。そんなふうに思えたときは、「テレテレッテッテー♪」と自分がレベルアップしたときです。

自分の人間関係の対応力が上がったかどうか、次のステージにチャレンジしてみる感覚で対処してみましょう。

それでもうまくいかなければ、**ゲームの設定が合っていなかった、あるいは自分のプレイスキルとステージが合っていなかった**と考えればいいのです。

職場や学校に手強い相手がいれば、ロールプレイングゲームのように仲間ととも

に対処方法を考えることも面白いかもしれません。

そもそも職場などにいる面倒な人が、自分にとってどれほど大事なのかをよく考えてみてください。**自分の人生にそれほど大切な存在ではない**かもしれません。

そう考えると、その人に自分の多くの時間を割く必要もないでしょう。

ゲーム感覚で、自分をレベルアップさせる、自分を磨いていくというような流れでつき合っていくといいでしょう。

人に依存すればするほどせっかちさが垣間見える

欧米人は、「相互独立的自己観」、そして第1章でも触れましたが、日本人は「相互依存的自己観」という概念で表されることがあります。欧米人は一人ひとりの個人がはっきりしていて、他者と自分は別のものであると区別しています。

その一方で、日本人は周囲との関係のなかに自分があり、人間関係のなかに自分が埋もれていると考えています。そのため、他者に配慮するという特徴があります。「相互依存的自己観」を「協調」と表現する人もいますが、じつは必ずしもそうとは言えません。

他者に配慮するということは、お互いがお互いを見ていて、自分はまわりを気にすることになります。それは、**お互いに非常に厳しい一面を持っていること**になります。

つまり、一人ひとりがマイペースに物事を進めるのではなく、考え方にしろ、行動にしろ、お互いがお互いに合わせることで、お互いに依存していることになるというわけです。

そんな密な人間関係で何が起きるかというと、その一例が「いじめ」です。学校であれば、クラスの人間関係が密であればあるほど、いじめが起きやすいとされています。

都会から田舎に移住して、その土地で嫌がらせを受けるようなケースも、同様と言えるでしょう。田舎は都会と比較すると人間関係は密でしょうし、お互いに助け合って生きている面があります。お互いに依存しながら生活をしていると言えますから、いじめに発展しやすいのも納得です。

こういった日本人の特徴もせっかちを発動させやすく、人間関係をギクシャクさせる一つの理由だと考えられます。

周囲を気にし過ぎず、焦らず、間を置きましょう。

そして、一人の人とじっくりつき合ってみてください。これらを心掛ければ、せっかちさんの人間関係をより良好なほうへと導くことができるのではないかと思います。

おわりに

目を閉じてマインドフルネス瞑想をしているとき、「あれ？　これって座禅と同じ？」と思った人がいるのではないでしょうか？　子どもの頃に怒られて正座させられたことを思い出す人もいるかもしれません。

たしかに、座禅とマインドフルネス瞑想は似たところがあり、仏教を説いた仏陀もさまざまな苦行を重ね続けた結果、最終的には「観察して気づく」のは大切なことだとしています。

また、歴史的に有名な哲学者にデカルトという人物がいます。その著書『省察』には、彼が瞑想しながら、自分の頭の中で起きていることを観察し続けた結果、わかったことが書かれています。

デカルト以外にも多くの哲学者がさまざまな研究を残してきました。彼らの著書を読んでいると、それぞれにいろいろな研究をして何かを発見したことに満足感を得ているように感じます。

仏教だの哲学だの瞑想だのと聞くと小難しいことのように感じますが、これは、「観察したり発見したりすることってけっこう楽しいよね」ということだと私は思っています。

本書でせっかちさんの気持ちを落ち着かせる方法をたくさんご紹介してきましたが、仏陀やデカルトとまではいかなくても、マインドフルに体験を観察することを楽しんでみるという発想で、楽な気持ちでせっかちと向き合っていただければ幸いです。

また、せっかちをどうしても直したくて本書を手にした方もいると思いますが、せっかちは心理学でも病的なものとは位置づけていません。

「せっかちを直そう」というよりも、「もうちょっと日常を味わおう」という気持ちを持てれば、せっかちさが緩和されていくと思います。そして、これまで味わい損ねていたたくさんのことにもきっと気づいていくでしょう。

人の心理はとても複雑です。せっかちについての説明も断言できることばかりではなく、まどろっこしい表現に感じた部分も多かったかもしれません。それでもせっかちについて、せっかちを落ち着かせる方法について、極力読みやすく執筆してきました。

ただし、読みやすい本というのは、じつはそれだけでせっかちとも言えます。本当はもっともっと詳しい説明が必要にもかかわらず、わかりやすく、端的に文章を書いていく必要があるからです。本書は、せっかちさんが読むにはちょうど良くできたのではないかと思います。

せっかちさんに大切なことは、「気づく」こと、そして「間」を置くことです。もしも、本書をせかせかと読み終えてしまっていたら、もう一度、マインドフルに読んでいただければと思います。

せっかちさんが、少しでも落ち着いた気持ちで毎日を過ごせるようになることを、私ものんびりと願っています。

２０２４年３月

杉浦義典

◎マインドフルネスに関する文献

・Hendrickson,K.L.,& Rasmussen,E.B.(2013).Effects of mindful eating training on delay and probability discounting for food and money in obese and healthy-weight individuals. Behaviour research and therapy,51(7),399-409.
・Regan,T.,Harris,B.,Van Loon,M.,Nanavaty,N.,Schueler,J.,Engler,S.,& Fields,S.A.(2020).Does mindfulness reduce the effects of risk factors for problematic smartphone use? Comparing frequency of use versus self-reported addiction.Addictive Behaviors,108,106435.
・Hoyer,D.,& Correia, C.J.(2020).Relations among motives,negative urgency,and mindfulness skills in college drinkers.Addictive Behaviors,101,106135.
・Roos,C.R.,Harp,N.R.,Vafaie,N.,Gueorguieva,R.,Frankforter,T., Carroll,K.M.,& Kober,H.(2023).Randomized trial of mindfulness-and reappraisal-based regulation of craving training among daily cigarette smokers. Psychology of Addictive Behaviors.37(7),829-840.

以上の文献、研究報告を一部抜粋して、心理学の立場から本書を執筆しています。

789-815.
※ 24 Bickel,W.K.,Freitas-Lemos,R.,Tomlinson,D.C.,Craft,W.H.,Keith,D.R.,Athamneh,L.N.,.Basso,J.C. & Epstein,L.H.(2021).Temporal discounting as a candidate behavioral marker of obesity.Neuroscience & Biobehavioral Reviews,129,307-329.
※ 25 Gunn,R.L.,&Finn,P.R(2015)Applying a dual process model of self-regulation:The association between executive working memory capacity,negative urgency, and negative mood induction on pre-potent response inhibition.Personality and Individual Differences, 75,210-215.

21(6),759-763.
※16 Okely,J.A.,Overy,K.,& Deary,I.J.(2022).Experience of playing a musical instrument and lifetime change in general cognitive ability:Evidence from the Lothian Birth Cohort 1936.Psychological Science,33(9), 1495-1508.
※17 Henkel,L.A.(2014).Point-and-Shoot Memories: The Influence of Taking Photos on Memory for a Museum Tour.Psychological science,25(2),396-402.
※18 Lyubomirsky,S.,Sheldon,K.M.,&Schkade,D(2005) Pursuing happiness:The architecture of sustainable change.Review of general psychology,9(2),111-131.
※19 Schweighofer,N.,Bertin,M.,Shishida,K.,Okamoto,Y.,Tanaka,S.C., Yamawaki,S.,& Doya,K.(2008).Low-serotonin levels increase delayed reward discounting in humans. Journal of Neuroscience,28(17),4528-4532.
※20 Logan,G.D.Schachar,R.J.,&Tannock,R(1997)Impulsivity and inhibitory control.Psychological science,8(1),60-64.
※21 日本マインドフルネス学会：https://mindfulness.smoosy.atlas.jp/ja
※22 Dunn,T.J.,& Dimolareva,M.(2022).The effect of mindfulness-based interventions on immunity-related biomarkers:a comprehensive meta-analysis of randomised controlled trials.CLINICAL PSYCHOLOGY REVIEW,92,102124.
※23 Sanchez,C.,& Dunning,D.(2021).Jumping to conclusions: Implications for reasoning errors,false belief,knowledge corruption,and impeded learning. Journal of Personality and Social Psychology,120(3),

※8　渡邉正樹(1998)Sensation Seekingとヘルスリスク行動との関連　大学生における交通リスク行動、喫煙行動、飲酒行動の調査より.健康心理学研究,11(1),28-38.
※9　Martínez-Vispo,C.,Senra,C.,López-Durán,A.,del Rio,E.F.,& Becona,E.(2019).Boredom susceptibility as predictor of smoking cessation outcomes:Sex differences. Personality and Individual Differences,146,130-135.
※10　Hitokoto,H.,&Sawada,M.(2021).Classroom interdependence and sensitivity to malicious envy in potential bullying involvement among Japanese junior high school students.Emotion Studies,7(1), 25-36.
※11　House,J.,DeVoe,S.E.,& Zhong,C.B.(2014).Too impatient to smell the roses:exposure to fast food impedes happiness.Social Psychological and Personality Science, 5(5),534-541.
※12　安藤寿康（2022）行動の遺伝子研究ー最近の動向『心理学評論』65(2),205-214.
※13　Love,J.,Grimby-Ekman,A.,Eklóf,M.,Hagberg,M.,& Dellve,L.(2010).“Pushing Oneself Too Hard”: Performance-Based Self-Esteem as a Predictor of Sickness Presenteeism Among Young Adult Women and Men?A Cohort Study.Journal of Occupational and Environmental Medicine,603-609.
※14　Neff,K.D(2003)The development and validation of a scale to measure self-compassion.Self and identity,2(3), 223-250.
※15　Quoidbach,J.,Dunn,E.W.,Petrides,K.V.,& Mikolajczak,M.(2010).Money Giveth,Money Taketh Away: The Dual Effect of Wealth on Happiness.Psychological Science,

◎注及び文献

※1　Barkley-Levenson,E.E.,&Fox,C.R.(2016).The surprising relationship between indecisiveness and impulsivity. Personality and Individual Differences,90,1-6.

※2　Friedman,M.,&Rosenman,R.H(1971)Type A Behavior Pattern:its association with coronary heart disease.Ann. Clin.Res.,3(6),300-312.

※3　Yim,O.S.,Zhang,X.,Shalev,I.,Monakhov,M.,Zhong,S.,Hsu, M.,...&Ebstein,R.P.(2016).Delay discounting,genetic sensitivity,and leukocyte telomere length.Proceedings of the National Academy of Sciences,113(10),2780-2785.

※4　Zheng,S.,Marcos,M.,Stewart,K.E.,Szabo,J.,Pawluk,E., Girard,T.A.,&Koerner,N.(2022).Worry,intolerance of uncertainty,negative urgency,and their associations to paranoid thinking.Personality and Individual Differences, 186,111382.

※5　黒川博文(2020)行動経済学から読み解く長時間労働『日本労働研究雑誌』714,14-27.

※6　Chester,D.S.,Lynam,D.R.,Milich,R.,&DeWall,C.N(2017) Social rejection magnifies impulsive behavior among individuals with greater negative urgency:An experimental test of urgency theory.Journal of Experimental Psychology:General,146(7),962.

※7　Peters,J.R.,Derefinko,K.J.,&Lynam,D.R.(2017).Negative urgency accounts for the association between borderline personality features and intimate partner violence in young men. Journal of Personality Disorders,31(1),16-25.

【著者プロフィール】
杉浦義典（すぎうら・よしのり）
異常心理学者／広島大学大学院総合科学研究科 准教授
東京大学教育学部卒業。同大学大学院教育学研究科博士後期課程修了。博士（教育学）。2007年より広島大学大学院総合科学研究科准教授。
専門分野は異常心理学で、心配、強迫症、サイコパシーといった幅広い病理のメカニズムを認知心理学的なアイデアを用いながら研究している。近年はマインドフルネスや幸福感にも研究対象を広げている。フジテレビ『ホンマでっか!?TV』などメディアにも多数出演。

いつもの焦りやイライラがなくなる
せっかちさんの本

2024年3月22日　　初版発行

著　者　杉浦義典
発行者　太田　宏
発行所　フォレスト出版株式会社
〒162-0824 東京都新宿区揚場町 2-18 白宝ビル 7F
電話　03-5229-5750（営業）
　　　03-5229-5757（編集）
URL　http://www.forestpub.co.jp

印刷・製本　日経印刷株式会社

ISBN978-4-86680-269-5 Printed in Japan

『いつもの焦りやイライラがなくなる
せっかちさんの本』

特別無料プレゼント

pdfファイル

＼ あなたの今の状態がまるわかり！ ／

マインドフルネス瞑想 上達チェックシート

本書でお伝えしたマインドフルネス瞑想について、自分の状態に「気づく」サポートをしてくれるチェックシートをご用意しました。もっとマインドフルな状態を感じていただけたら幸いです。ぜひダウンロードして、本書とともにご活用ください。

無料プレゼントはこちらからダウンロードしてください

https://frstp.jp/sekkachi

※特別プレゼントは Web で公開するものであり、小冊子・DVD などをお送りするものではありません。
※上記無料プレゼントのご提供は予告なく終了となる場合がございます。あらかじめご了承ください。